新时期农村小学体育教育
与健康行为研究

伏小亚 著

中国商务出版社
CHINA COMMERCE AND TRADE PRESS

图书在版编目（CIP）数据

新时期农村小学体育教育与健康行为研究 ／ 伏小亚
著 ． -- 北京 ： 中国商务出版社，2021.7
ISBN 978-7-5103-3890-8

Ⅰ ． ①新… Ⅱ ． ①伏… Ⅲ ． ①农村学校－体育课－教
学研究－小学②农村学校－健康教育－教学研究－小学
Ⅳ ． ① G623.82

中国版本图书馆 CIP 数据核字（2021）第 149059 号

新时期农村小学体育教育与健康行为研究
XINSHIQI NONGCUN XIAOXUE TIYU JIAOYU YU JIANKANG XINGWEI YANJIU

伏小亚　著

出　　　版：中国商务出版社
地　　　址：北京市东城区安定门外大街东后巷 28 号　　邮编：100710
责任部门：教育事业部（010-64283818　　gmxhksb@163.com ）
责任编辑：刘姝辰
总 发 行：中国商务出版社发行部　（010-64208388　64515150 ）
网购零售：中国商务出版社考培部　（010-64286917）
网　　　址：http://www.cctpress.com
网　　　店：https://shop162373850.taobao.com/
邮　　　箱：cctp6@cctpress.com
印　　　刷：北京四海锦诚印刷技术有限公司
开　　　本：787 毫米 ×1092 毫米　1/16
印　　　张：10.5　　　　字　　数：220 千字
版　　　次：2022 年 8 月第 1 版　　印　　次：2022 年 8 月第 1 次印刷
书　　　号：ISBN 978-7-5103-3890-8
定　　　价：50.00 元

前　言

体育教育是素质教育的重要内容，学生在参与体育锻炼的过程中，身体素质会得到有效提升，继而对学习与成长产生积极的影响。

在农村小学体育教育工作开展的过程中，存在体育观念偏差、体育意识淡薄的现象，加上资源条件的局限，致使农村小学体育教育面临许多难题。一般学校首先保证的是语文、数学、英语等学科的课程教师。每年新分配的年轻教师只要有这方面能力的，学校就想方设法把他们招聘进来，而体育教师就没有这种优先条件。当体育教师的数量不能满足教学时，只能安排一些兼职教师来上体育课，一个体育教研组竟没有一人是体育专业学校毕业生，试想如此怎能上得好体育课呢？因此，搞好农村小学体育教育，是时代发展的需要，也是对我国体育教育方针的贯彻落实。

基于此，笔者撰写了《新时期农村小学体育教育与健康行为研究》一书。全书在内容安排上共设置八章，分别是：小学体育的概念与锻炼的基本原则、小学体育与健康教学方式、小学体育与健康教学模式、小学体育与健康课堂教学艺术、小学体育与健康课程的课外拓展、小学体育与健康课程资源与校本课程开发、小学体育教师信息化素养与专业发展、小学体育与健康教学评价建议。

本书内容丰富，结构合理，初步构建了小学体育与健康教学理论的框架和内容，并对小学体育与健康教学工作进行系统分析和探索，充分考虑农村小学的实际情况，使本书不仅具有科学性和实用性，也体现出了时代性的特点。

笔者在撰写本书的过程中，得到了许多专家、学者的帮助和指导，在此表示诚挚的谢意。由于笔者水平有限，加之时间仓促，书中所涉及的内容难免有疏漏之处，希望各位读者多提宝贵意见，以便笔者进一步修改，使之更加完善。

2020 年 12 月

目 录

第一章　小学体育的概念与锻炼的基本原则

第一节　体育的概念与分类

一、体育的起源和概念

体育是一种复杂的社会文化现象，其作为人类社会活动的一个重要组成部分已经存在很长一段时间。对世界体育资料进行探究和分析可以发现，"体育"作为一个专有名词在1760年就已经于法国出现，在当时的儿童身体健康教育研究领域中的一篇文献中首次被提出，并被认为是以身体活动为主要手段的教育。当前人们对"体育"的认识，与1760年人们对于"体育"的认识基本上是一致的。

随着时代的不断发展和社会的不断进步，体育也处于不断发展和进步之中，其含义和覆盖的主要内容也在不断充实和丰富，与原来体育的含义相比发生了很大的变化。具体而言，对于现代体育的界定主要包括狭义和广义两方面。从狭义角度来看，所谓体育，就是将是人体活动和锻炼作为基本方式，有目的、有计划、有组织地实现强化身体素质、提升健康水平、掌握运动技术以及丰富文化生活等目的的社会活动；从广义上来看，所有的身体运动均属于体育的范畴，如我们经常见到的各种运动（包括骑车、跑步等）均属于此。

随着时代的发展和人们认识水平的不断提升，近年来，很多学者通过对体育进行深入和更加专业化的研究与分析，以及对体育概念进行更为细致和具体的论述，将体育界定为以身体活动为主要媒介，推动人们身心健康全面发展，以培养高素质社会公民的一种社会活动。这一新的界定不仅表述出体育的本质属性，而且展现出其归属的领域和范畴，并且将其与相似的社会活动和现象进行了较为明显的区分。但是仍然需要注意，体育的概念是不断变化的，因此，随着时代和社会的不断发展，体育的含义也会出现一定的变化，人们对其认识也处于不断加深的状态。

从学校教育方面来认识体育，可以发现，其和智育、德育等均是学校教育不可或缺的构成部分，是一个有目的、有计划、有组织的教育过程，体育不仅可以帮助学生强化身体素质，而且能够提升学生的思想品质，帮助学生养成坚定的意志品质，从而推动学生健康全面发展。

二、现代体育的分类

（一）竞技体育

1. 竞技体育的内涵阐释

从人类社会发展历程及现状来看，竞技体育应当属于人类所特有的一种社会现象。具体来看，竞技体育不仅是一种动物性质运动，而且是人类通过一定的手段创造出来的一种文化形式。此外，虽然竞技体育是人类创造出来的运动，但是其也能够反过来推动人们身心健康、自由的发展。

从竞技体育自身本质来看，其包括非常深刻的文化含义。在我国，较早提出竞技体育这一概念是在 20 世纪 70 年代末，其后，谷世权、过家兴两位学者对体育进行了划分，将之分为大众体育和竞技体育两种类别。并且他们明确指出，竞技体育的开展和实施主要是对怎样强化运动训练的科学性进行深入探究，对运动训练所遵循的客观规律进行了解，从而提升各方面的运动技能和运动成绩，掌握更加先进和世界顶级的运动技术，打破、创造世界纪录，获得比赛优胜。在研究和认识竞技体育的时候，相关学者普遍认为其是建立在推动身心全面发展，最大限度地发挥和激发人体各方面潜能等基础之上的活动过程，主要目的就是在竞赛中获得优胜。过家兴在《运动训练学》当中曾经深入探讨过竞技体育的概念和定义，他认为："竞技体育就是一种全面推动人们身心健康发展、充分激发人们身体、心理以及智力等诸多方面潜能基础之上，以学习和掌握高超的运动技术、在体育竞赛中获取优异成绩为主要目的的活动过程。"此外，在《体育词典》之中也有关于竞技运动的定义，即竞技运动是为了学习和掌握高超的运动技术，在体育竞赛中获取优异成绩而开展的系统化、科学化而且计划明确的训练和竞赛活动。

从上述内容我们可以充分了解到，竞技体育是人们身体运动和发展过程中的必然产物，也是人们在自我意识支配下将运动当作追求身心全面发展的一种形式和手段的实践活动。其精神内涵包括相当广泛的超越物质功利性，社会性内涵具有明显的超越个体价值的特性，系统性内涵具有突出的超越分散状态的特性。美国学者舒兹曾经从竞技运动价值方面出发对其终极目标进行一定的划分，包括如下几种：获取特定事态的目标、体育竞赛中取得优胜的目标以及竞争活动中争取获得胜利的目标。竞技体育是经济文化当中的一个十分重要的组成部分，也可以说，体育是人类文化生活形成和发展的一种重要反映和扩展，体育通过人类的专门性活动及各种运动形式成为社会生活的重要组成部分，人们在长期进行体育活动的同时赋予了体育丰富的文化内涵和独特的文化表现形式。

2. 竞技体育的主要价值

（1）教育价值。在当代社会中，竞技体育活动内容已经充分融入各个教育系统，在帮助青少年养成正确的意志品质、树立正确的价值取向、获得全面健康发展的过程中发挥着非常重要的作用。从其特点来看，主要是通过有组织和有计划的活动形式，通过必要的竞技手段与方法来推动体育活动参与人员身体素质、适应能力以及心理素质和精神意识等的综合发展，并且使参与人员在运动过程中树立尊重对手和遵守运动规则的良好意识和品质。

此外，竞技体育的教育价值还突出表现在培养学生的竞争意识，在竞争活动中充分激发学生的潜能，使之力量充分体现出来；培养学生的集体主义精神，在体育活动中潜移默化地帮助学生养成高尚的道德品质和合作精神。由于竞技体育始终都是遵循优胜劣汰、公平公正原则的，其中的规则是非常严格的，裁判也都是比较公正的，在这种环境下有利于帮助学生养成公平合理竞争的观念。由于竞技体育的主要目的是获得优胜，竞技体育中难免会有失败，在这个环境中便可以锻炼学生的抗压能力和抗挫折能力，使之能够正确面对竞争中的失误和失败；磨炼其坚韧的意志，使之能够在更为激烈的社会竞争中始终保持顽强的生命力和奋斗意识。

（2）政治价值。竞技体育通常会具有较强的对抗性，需要参与人员付出较大努力，因此有利于振奋民族精神，有利于激发相关人员的民族意识和民族情感，从而有效强化民族凝聚力。在竞技体育开展的过程中，场上的所有观众甚至转播屏幕之前的观众都会为本国的运动员欢呼呐喊，从而激发运动员的信心和动力，在这种情况下，能够有效提升整个国家的声望，有利于振奋国家和民族的精神，从而推动国家和民族健康持续发展。此外，竞技体育还有利于多民族团结发展和民族一体化发展，通过塑造高水平、高素质的运动员和运动明星，有利于推动体育运动在全国范围内开展和流行，从而有效强化民族凝聚力。由此可见，竞技体育在推动人们认可和接受自己的民族和国家，并为国家和民族的发展主动贡献自己的一份力量方面是具有非常重要的意义的。与此同时，竞技体育还有利于加强各个国家之间的沟通与联系，是世界上不同国家进行交流和互动的桥梁，能够推动国家外交的顺利进行，使各国之间的联系和交流更加紧密。

（3）经济价值。从当前的竞技体育发展现状及发展趋势来看，那些较高水平的竞技体育正在慢慢往职业化方面发展，在一定程度上，我们可以将之作为体育娱乐行业的一个重要组成部分。通过举办各种不同规模的体育赛事，当地通常可以获得较大的经济效益。例如，一个举办比较成功的赛事，不仅能够为本区域带来很多直接的收入，如门票、广告、赛事纪念品等；还能够带来较多的间接收入，如现场观众在观看竞赛活动时候的需求，能够帮助竞赛场地周围的商业实现创收，有利于带动当地交通运输以及通信事业等的发展。此外，这种经济价值还能够反过来对竞技体育产生重要影响，从而为其健康发展提供必要的竞技保障。

（4）健身娱乐价值。随着社会的不断发展和人们需求的不断变化，竞技体育在人们生活中越来越普及，不同年龄、不同职业、不同水平的人都积极参与其中。而面对多样化和差异化越来越明显的社会群体，为了满足其不同的运动需求，竞技体育中原来追求纯竞技活动成绩的观点发生了一些变化，维持个体具体的生活标准和健康娱乐的特性逐渐成为主要内容，往往更加追求身体素质的提升、合适训练程度的保持以及身心健康发展，从而达到调节精神和情绪的作用。

（5）文化审美价值。从竞技体育赛事的参与者和观众角度来看，竞技体育之所以对其有较大的吸引力，主要就是因为运动中很多场景在日常生活中并不经常见到，此外，还有那些激动人心的壮观场面常常就是竞技体育所拥有的。竞技体育极具活力，而且这种观赏效果，常常是通过竞技体育自身具有的那种对抗和富有激情的表现方式与操作体现出来的。竞技体育自身具有非常明显的创造力，主要从其基本特点之中体现出来，尤其是在实际比赛中不仅能够充分表现出运动员的身体素质和技术水平，而且能够展现出运动员不妥协、不放弃、坚持到底地争取胜利的真正的美，身体动作所具有的美感，以及那些符合美学要求的运动比赛环境所具有的吸引力和竞技体育自身及其周围符合美学标准的其他方面。在当前社会环境中，竞技体育之所以能够成为具有普遍意义的社会文化审美对象，是因为其具有突出的美学吸引性和文化共融性。随着社会的不断发展和人们活动形式越来越多样化，竞技体育已经成为能够对人们的情感世界和精神素质产生重要影响的社会活动。

（二）休闲体育

1. 休闲体育概念的理解

第一，从文化理论角度入手来认识休闲体育，我们可以认为休闲体育实际上就是一种人类不断进行自我完善的文化活动，在人们成长和发展过程中自始至终都发挥着十分重要的作用。休闲体育的这一概念主要涉及四方面的内容：一是能够为人们提供一个寻找体育文化真谛的途径；二是能够帮助人们在体育休闲中得到体育锻炼效果，从中获得快乐，找到生命的真正意义；三是帮助人们升华精神和意识，这一点主要指的是休闲体育具有一定的传导功能；四是推动我国文化创新，帮助人们养成公平公正、顽强进取的竞争精神和拼搏精神。

第二，从心理学理论研究角度入手可以了解到，休闲体育作为一种身体活动形式，其主要目的当属帮助人们放松身心，舒缓精神压力。

第三，从社会学理论角度入手可以发现，随着社会的不断进步和发展，休闲体育得以法制化，甚至具有一定的神圣性质，在当代社会中，享受休闲已经成为人们与生俱来的一种不可或缺的权利。

第四，从人类学理论角度入手来界定休闲体育，可以认为其是为当代人们的幸福生活提供服务和支持条件的有效手段，同时还是人们保持自我身心健康发展的重要文化手段。

第五，从体育学理论角度入手，所谓休闲体育，实际上就是人们通过体育活动来达到休闲的目的，并且推动身心健康成长和发展的一种活动形式。

综合上述种种观点，我们可以发现休闲体育主要涉及两方面的内容：其一是休闲体育的前提条件为休闲时间；其二是休闲体育的主要形式为身体运动。据此，我们完全可以将休闲体育界定为：人们在自己的空闲时间中所参加和进行的能够推动自己身心健康发展、丰富自己生活形式、完善自我发展的身体运动。

2.休闲体育的特征表现

（1）自然性。在对人的生命活动进行认识和研究的时候，我们通常都是从内部活动和外部活动两方面逐步进行的。所谓人的内部生命活动，主要指的就是人体自身的生理和生化活动，也是人体物质和能量不断消散的过程。而这一过程正是维持人的有机体生命结构的重要存在，一方面，整个过程需要不断推动消散过程积极进行；另一方面，需要通过与外界进行物质交换的方式来有效补偿本来已经消散的能量。而从这两方面的活动本质来看，其都必须依托有机体的外部活动，相互融合，共同构成摄入和排泄以及身体运动这些基本需求的本源。作为生命也必然会遵循生命运动的基本轨迹，保留了生命体本能的需求和活动方式，只是人的这些本能需求在个体的社会化进程中被特定的方式所制约，从而以社会人的特有方式来满足这些需求。

（2）参与性。作为一项实践性比较强的社会活动，休闲体育是需要人们亲身参与其中的，只有亲身参与到休闲体育活动中，才能够真正获得某种体验和感受，也只有真正参与其中获得结果，才能够真正将自己的真实感受和想法表达出来。一个人如果没有亲身参与到休闲体育活动中，那么就永远无法获得真正期望和准确的感受，也就无法完整地表达出自己的观点和看法。随着人们认识水平的不断提升，逐渐有人将体育竞赛和体育表演等都纳入休闲体育的范畴之中，并且将休闲体育划分为参与型和观赏型两种。但是也有很多学者认为，观赏形式应当属于文化休闲的范畴，将之纳入休闲体育中是不合适的，因为其形式实际上和很多的文艺表演如杂技等是没有很明显的区别的，虽然在实际的文艺演出中常常有演员和观众进行互动，但是我们并不能认定这就是观众在进行演出活动。从这一角度来看，休闲体育是具有明显参与性的，是需要运动者亲身参与其中的一个过程。

（3）自发性。从前文对于休闲体育的认识我们可以了解到，所谓休闲体育，就是人们在自己的空闲时间中所进行的一种主体活动，具有非常明显的自发性。总的来说，休闲体育完全是依托某一个体或者某一群体的主体需求而存在和形成的，是在个人能够自主支配的时间中进行的体育活动，没有强制性，也没有非自愿的特征。在整个休闲体育活动之中，因为活动主体都是自发自愿地主动参与其中，所以休闲体育不仅能够满足主体身心发展的需求，而且能够给其带来更好的情绪体验，有利于激发主体参与活动的积极性，并且有利于实现良性循环。在当前这个信息技术高速发展的社会环境之中，休闲已经不再单纯是以前社会中人们劳作之余的放松和休息。随着人们自由时间的不断增长，休闲已经成为我们每个人都具有的重要权利，已经成为我们生活中不可缺少的重要组成部分。随着人们认识水平的不断提升，人们的自由意识越来越强烈，而对自由时间的支配也在休闲活动中体现得越来越明显。

（三）学校体育

1. 学校体育的主要内容

（1）运动教育。运动教育侧重于教育活动，其主要的参与手段是向受教育者传授体育运动方面的相关知识和技能，主要的活动方式是引导受教育者进行自我联系和锻炼，主要目的是帮助学生掌握必要的运动知识与技能，强化其身体素质，推动其全面发展。在学校环境中开展运动教育主要是通过体育课程教学、课外活动、学校运动会以及体育训练等方式完成的。作为学校体育教育活动的重要组成部分，教师在开展运动教育的时候主要是利用多种形式的运动器材和相关教材来帮助学生学习掌握各项运动知识和技术，并且帮助学生在掌握一定运动技能的基础之上学会自主锻炼的方法，从而帮助学生养成经常锻炼的良好习惯和意识，引导学生多参加课余训练或者比赛来强化自己的运动技能，提升对体育运动的兴趣。

（2）健康教育。所谓健康教育，就是为了帮助受教育者养成良好的体育卫生习惯、养成健康积极的体育生活方式而向受教育者传授正确的体育知识和技能的教育活动。作为学校体育教育的重要组成部分，健康教育也需要承担起培养学生良好的健康体育生活方式的重要任务。具体而言，在学校教育当中，实施健康教育的主要方式，即体育文化节、体育理论课程教学以及体育指导等。

（3）体育文化教育。体育作为社会文化活动的一种重要组成部分是毋庸置疑的，而体育文化在人类总体文化中也扮演着相当重要的角色。想要有效学习和掌握体育文化，体育教育是一种行之有效的途径和手段，由此可见，学校体育在传承和发扬体育文化方面发挥着十分重要的作用。在学校体育教育的开展过程中，体育教师可以充分利用各种活动项目来对学生实施体育文化教育，帮助学生学习不同的体育文化。对于学校体育教育而言，体育文化传承是其中非常重要的内容。

（4）心理品质教育。学校体育教育的主要内容和采用的手段与其他教育活动相比都具有一定的特殊性，这就使得其在实际教育活动中必须注重对学生的心理品质进行培养，要将相关内容充分融入各项体育教育活动之中。举例来说，练习耐力跑有利于培养学生坚持到底、不轻易放弃的优良品质；篮球、足球等对抗性练习和训练有利于培养学生的集体主义精神和团结协作精神，等等。由此可见，心理品质教育是学校体育教育活动中不可缺少的重要教育内容，在推动学生全面发展和健康持续发展方面具有重要意义。

2. 我国学校体育的目的分析

从我国学校体育发展历程和现状来看，学校体育主要是面对"培养怎样的人才"这一问题，具体来说，就是在长时间的学校体育教育之后，最终学生应该具备什么样的素质和能力，这也是学校体育所追求的最终结果。对于我国的学校体育而言，其主要目的是保证学生健康成长，提高学生的身体素质，和学校其他各项教育活动相互配合，共同帮助学生养成良好的道德品质和价值取向，使学生德智体美劳等各方面综合协调发展，成为真正的社会主义建设者。从我国学校体育的目的来看，其不仅充分反映出学校体育的本质特征，而且能够对社会、教育以及体育等对学校体育的具体要求进行比较明确的反映，对学校体育的有效开展具有鲜明的指导作用。

第二节　体育教育的基础理论

一、体育教育的本质与特征

（一）体育教育的本质分析

所谓本质，主要指的是事物必不可少且不会发生明显变化的性质。在对体育教育的本质进行准确理解和认识的时候，我们必须对体育现象中存在的不可变异和不可或缺的性质进行比较准确的把握，如果做不到这一点，就很难完整而正确地把握体育教育的概念与本质，也就很难对其形成比较明确的认识。

具体来说，体育教育的性质是受体育学科性质所决定的，而体育学科性质是多质性非常明显的一种动态的教育。基于此种认识，我们在对体育学科的相关性质进行认识和理解以前，首先应对教育的重要意义进行比较深入的分析和论述。从广义上来看，教育就是自然和社会环境对个人产生的各种影响，如很多教育工作者常常提及的"生活即教育""生活处处有学问"等都是广义教育的一种表现。虽然没有一个比较固定的教育形式，也没有具体系统的教育内容和计划，但是教育充斥于我们生活的各方面，具有很强的穿透力和影响力，可以说，从广义上来看，我们每时每刻都在接受教育。从狭义上来看，所谓教育，就是有计划、有组织、有目的地实施教育活动，通过一定的手段，对前人的经验和成果进行系统化选择，将其中优质和精华部分提取出来，以知识传授的形式对后代产生影响，如当前这个社会中的学校教育就是狭义教育非常典型的一个代表。当我们对教育有了比较充分而且准确的认识之后，我们也就有了正确和深入地认识与理解体育教育的基础。就其实质而言，无论是从其主要目的来说还是从其价值方面来看，体育教育是完全符合现代教育意义与功能的。从广义上来看，体育教育是生活教育当中的一个重要环节；从狭义上来说，体育教育是当代社会中全面素质教育发展当中的重要组成部分。从上文来看，我们究竟应该如何对其本质进行理解和认识呢？

首先，从狭义方面来看，体育教育作为全面素质教育发展中的一个重要组成部分，其明显体现出教育性、教养性以及发展性相互统一和协调的多质性。从马克思主义教育观对其进行理解，体育作为全面素质教育发展的一项重要内容是毫无疑问的。马克思主义历史观曾经提出一个观点，即"人们的社会历史始终是他们个体发展的历史，而不管他们是否意识到这一点。"对于一个人的全面发展来说，并不单纯是指身体的全面发展，而且包括心理健康的发展。对于体育教育而言，其根本特征为学生的身体锻炼，和学校教育当中的德育与智育不同，体育教育主要是从身体教育方面来推动马克思主义历史观当中人的全面发展顺利实现。

作为一个重要的、必不可少的培养和教育人的过程，体育教育主要是通过其所具备的比较独特的形式——身体活动来推动人的全面发展。对于其在全面发展教育中所处的位置和具备的功能，必须从其育人目的入手，进行全面理解。从教育活动来看，其完成育人目的通常是从德智体美劳等多方面共同推动和进行的，是一个系统化和组织化的工程，其中的各个子系统在将自己特定的文化和经验传授给学生的时候，都是从育人角度进行的，都是为育人这一目的服务的。从全面发展这一方面来看，教育活动主要涉及德智体美劳等几个主要方面，但是需要特别注意一点，全面发展并不是几种教育活动的简单相加，而且对于各个教育子系统来说，如果只是简单地将自己的一方面作为最终目的，那么整个教育活动即使是在全面发展的教育方针指导下进行，也无法真正培养出全面发展的人。因此，无论是哪个领域的教育活动，都应该作为综合教育的一个重要过程，如此其才能够真正被称为教育过程。也就是说，对于体育教育而言，并不只是单纯地帮助学生锻炼身体，而是通过相关的体育活动来推动学生综合素质的全面发展，而且其自身在此方面也具有一定的优势。根据马克思主义观点，人都是具有两重性的，即不仅是有机体的人，而且是一种社会存在物，因为学生是人，所以同样具有此种特征。受体育教育多质性的影响，紧紧围绕运动进行的体育教育通常会产生较多的"运动效益"。因此，学生在学习和掌握一项运动技能的时候，不仅会受到教育作用，而且会产生文化传播作用；与此同时，发展智能效益也能够凸显出来。在练习相关的运动动作的时候，学生也常常能够获得身心发展、个体社会化发展以及自我意识提升等诸多方面的效益。在整个教育过程中，通过参与体育活动进行身心锻炼，使学生身心获得发展，掌握更多的知识、技能和运动技巧，并培养其形成积极正向的道德品质，这多方面的效益正是体育教育多质性的重要体现，各个效益之间是相互统一、相互制约，且不可分割的。

其次，体育教育作为重要的社会活动，会受到社会政治经济的影响与制约，并且会反过来为社会政治经济服务。这一点主要是从其产生与发展的具体过程中表现出来的。例如，在古希腊时期，斯巴达教育制度中对于人们的军事训练和体育训练非常重视，其明确的主要目的就是"绝对服从，承受艰难困苦，打仗和征服别人"。因此，斯巴达几乎每一个人都需要接受非常严格甚至非常残酷的军事训练。而在培养斯巴达青少年"尚武"精神的时候，常常是通过全面且多样化的五项竞技（角力、赛跑、跳远、掷铁饼、掷标枪）等体育教育来完成的，其主要目的就是为战争提供服务。再如，文艺复兴以后，资产阶级普遍将体育教育视作其进行侵略和扩张以及掠夺财富的重要工具与手段。如这一时期的教育家洛克便提出了著名的"小绅士"教育理论，认为儿童的饮食应当以清淡为主，每天都要保证睡眠充足，要早睡早起，多做户外运动，要掌握一定的游泳技能，要具备忍受苦痛的意志，要能够适应各种气候变化。此外，儿童应当禁止饮酒，甚至要禁止饮用一切烈性饮品。洛克认为，作为一个绅士，必须具备一个健康且强壮的体格，要能够随时拿起武器去当兵。

随着时代和社会的不断进步，体育教育逐渐进入世界各国的视线之中，引起世界上各个国家的广泛关注，并且对自己的体育教育大纲相继进行了修改与完善，以改革和强化体育教育，提升体育教育在社会中的地位；此外，还有一些国家采取一定的措施来加强师资队伍建设，投入了更多的人力、物力和财力，有效推动了体育教育的进步与发展。例如，1985 年 6 月，日本临时教育审议会曾经向当时任首相的中曾根提交《总理府第 24 总会关于教育改革的报告》，而日本学校体育界依据此报告的主要内容以及呈现出来的精神，向政府提出学校体育教学改革的基本思想与措施，指出应该注重学生个性的发展，要推动学生德智体等多方面协调全面发展，并提出推动学校体育教学向生涯体育方向发展的建议。再如，1984 年，苏联教育相关部门也对学校的体育教育提出了新的要求，并且依据新要求开展了一系列改革活动，而且在 1985 年，相关教育部门制定并颁布了新的体育综合教学大纲，并采取了一定的措施。相关专家和学者指出，在当代人成长和发展的过程中，推动其体育运动与技能的发展是当前一项非常重要的任务。并进一步指出，一定的调查与科学研究分析表明，只有进行身体练习、运动与旅行等多方面、系统化的锻炼，才能够比较有效地抵制科学技术发展对体育运动产生的不良影响，从而以一种行之有效的手段推动人们健康全面发展，使国民能够承担起较高强度的生产劳动与保家卫国的责任。

由此可见，不同社会形态和发展阶段的体育通常都是培养具备社会所需的健康体魄、道德品质以及价值取向的人来为社会政治经济发展提供服务，简单来说，就是为培养一定社会与阶级所需人才提供服务。

（二）体育教育的主要特征

1. 群众性

从体育教育的功能与作用来看，其是所有青少年儿童都需要参与的一种必要的教育活动，不仅是学校教育的重要组成部分，而且是国民教育顺利开展和实施的重要基础，因此，接受体育教育不仅是学生的一项权利，同时也是其需要履行的一项义务。

2. 基础性

从体育教育自身的本质属性来看，其具有非常明显的基础性特征。对于青少年这一群体来说，正处于身体发展和知识学习的关键阶段，因此，帮助青少年奠定良好的体质基础，对于推动其综合素质全面发展具有非常重要的意义和作用。在我国特色社会主义和现代化建设与发展的过程当中，科学技术起到关键作用，教育活动起到基础作用，因此，必须培养出一大批德智体美劳全面发展的社会主义接班人。作为整体教育活动的重要组成部分，体育教育自然具有明显的基础性特征。因此，应当从小培养学生良好的体育习惯，从而奠定良好的体育基础。

3. 健身性

对体育教育而言，无论是哪个国家和地区，最为主要的目标之一就是推动学生身心健康发展，强化学生的身体素质和体能。从这一角度来看，虽然随着社会和时代的发展，体育教育目标也呈现出明显的多元化，但是其健身属性是其必须具备的，也是其与其他教育活动进行区别的一个最为本质的特征。

4. 教育性

在整个学校教育当中，体育教学既是其中的一项重要内容，同时也是一个非常重要的教育手段，具有非常明显的教育性。从体育的功能来看，其并不只是单纯地对学生进行身体方面的教育，在思想道德教育、价值取向教育、推动学生个性发展和综合素质全面发展等诸多方面都发挥着非常重要的作用，具有非常突出的易于接受和生动性等特点。因此，在现代社会主义精神文明建设以及育人活动中，体育教育与其他方面的教育活动相比，具有非常明显的不可替代性。

5. 阶段性

体育教育对青少年儿童来说是最为重要的阶段。因为这是青少年儿童身心迅速发展的阶段，具有鲜明的阶段性特征。体育教育必须充分把握这一关键时机和重要阶段。由于青少年儿童身心发育具有鲜明的年龄特征，必须依据他们的不同年龄阶段的生理特征，正确地确定体育教学的目标，选择适宜的体育教育内容，采用多种多样的教学方法和手段以促进青少年儿童全面发展，从而顺利完成体育教育的任务。

二、体育教育的目标分析

所谓目标，就是人们想要达成的一个标准或者任务，是人们希望通过努力在预计时间内能够获得的预期效果。具体到体育教育，其目标即一定时期之内，体育教育活动需要完成的任务和需要达到的结果与标准，是所有体育教育工作顺利开展和实施的出发点与最终归宿，也是体育教育目的的一种具体化和精细化。在体育教育工作之中，体育教育目标对体育教育的内容选择、实施策略选择以及发展方向等都具有决定作用，同时，其也是对体育教育具体工作进行合理评估的根本依据。

（一）体育教育目标与体育教育目的的区分

在认识目的和目标的时候，一般我们认为，目的是比较抽象的一个概念，是某种行为活动的一个终极宗旨或者方针；而目标是一个内涵比较具体的概念，是某种行为活动的一个阶段性、特殊化的要求。对于某一个或者某一种行为目的来说，其最终实现都是需要有很多隶属于其的具体行为活动顺利完成来支持和推动的，也就是说，目的的精神与内涵是贯穿所有具体目标之中的。

从上述内容对体育教育的目的和目标进行认识，所谓体育教育目的，就是在完成体育教育以后需要获得结果和实现的目标。从当前我国体育教育的主要目的来看，其包括推动学生健康生长、帮助学生增强体质，和其他方面的教育活动相互协调与配合来引导学生树立正确的价值取向，形成良好的道德品质和思想意识，将学生培养成综合素质全面发展的社会主义建设者和接班人。具体而言，体育教育的目标和目的主要包括如下几方面的不同：

第一，体育教育的目标具有非常明显的阶段性特点，主要指的是对处于某一阶段的学生在完成一定时间之内的学习任务之后获得的效果所保持的一个期待，并不代表教育活动就此终止。在体育教育工作中，当某一阶段的教育目标顺利实现以后，相关的教育工作者就需要在此基础之上重新设定一个科学合理且更高水平的学习任务，并作为后续学习实践活动的行为支持与导向。而体育教育目的具有比较明显的最终性特征，对于所有体育教育阶段都比较适用，是体育教育工作在顺利完成所有阶段和不同类型活动或者任务之后需要获得的最终效果，具有明显的长远性和长效性。

第二，体育教育目标具有较强的方向性，是体育教育工作中特定价值取向的一个重要反映，主要起到告知学生和教师在活动中如何走以及需要走到何处的作用。但是体育教育并不具备这种明确的指向性，其主要是解决体育教育需要体现何种终极价值以及教育工作会在哪些方面对受教育者产生哪些实质性改变等问题。

第三，体育教育的目标常常表现出积极进取的前瞻性和激励作用。虽然这只是体育教育真正开展和实施以前对具体工作和学生学习效果的一个设想，但是其在推动教师和学生共同努力方面发挥着十分重要的作用。而体育教育的目的主要是对在宏观与整体上面体育教育最终需要实现的价值和功能等进行的一个高度概括。

从上述体育教育目的和体育教育目标的相关论述来看，二者之间虽然在实质性方面具有较大差异，但是也具有一定的统一性和协调性。相较于体育教育目标，体育教育的目的具有比较突出的稳定性，当明确下来之后，一般在很长时间之中都不会出现变化，是制定和完善体育教育目标的重要依据和基础。而体育教育目标通常会将体育教育目的作为导向，具有较强的灵活特性，在面对不同特点和不同层次的教育对象、环境条件以及具体要求的时候，常常会根据其变化而发生相应改变，是推进体育教育目的有步骤、有层次地进行实现过程的重要体现，体育教育目的的核心思想与要求自始至终都贯穿其中，并且是目标的一个重要归属。

在明确体育教育的目的之后，体育教师在制定具体体育教育目标的时候，就应注意应当将目的作为其重要归宿，并将体育教育目的进行适当的分解和细化，从而将之渗透和内化于体育教育目标中，使二者协调一致，将二者的作用和价值均充分体现出来，从不同层次和角度来主导整个体育教育过程，通过不同阶段和层次体育教育目标的实现来顺利达成体育教育目的。

（二）体育教育目标的主要特性

1. 社会性

体育教育虽然是一种具有重要价值和意义的教育活动，但同时它也作为一种社会现象而存在，生存和实际发展都与社会环境和条件有着非常紧密的联系，如社会经济、政治、文化、科技水平等都会对体育教育的性质和实践产生直接影响。此外，由于体育教育在推动人们全面健康发展的过程中起着非常重要的作用，因此，其在很大程度上也会对整个社会的全面发展产生重要影响。由此可见，适当的体育教育目标能够将一定阶段中的社会特征与人们的利益和需求有效体现出来，并且会在一定程度上推动社会的前进和发展。

2. 指导性

在人们的实践活动中，目标始终发挥着重要的导向和激励作用，始终调节并且维持着人们各项活动和行为的发展方向。对于体育教育来说，其目标在体育教育的实施和发展中始终起到重要的制约和影响作用，并且对体育教育的发展方向进行了明确说明，是体育教育工作者和相关部门实际工作中需要遵循的行为准则，也是对其提出的工作要求。与此同时，体育教育目标也对受教育者提出了一定的学习要求，给其提供了更加清晰的学习任务和努力方向。

3. 系统性

系统性是体育教育目标具有的一个非常典型的特征，是由不同阶段、不同性质以及不同种类的子目标共同构成的，而且各个子目标之间也不是相互割裂而单独存在的，是按照一定的规则和要求有序排列在一起并且密切相连的。各个子目标之间既互为基础，也是彼此的前提条件，既相互弥补，又相互扩展，从而构成一个最优化组合，共同发挥体育教育的整体功效。

4. 科学性

体育教育目标虽然是针对体育教育工作进行的一个整体规划与效果预计，但是其是对社会发展以及教育发展的需求进行充分考量，对体育教育的本质属性和不同阶段师生的特点，以及具体的教育条件等诸多相关因素进行必要考量以后才制定出来的，为体育教育工作提供了一个切实可行的检查依据和评估依据。总体而言，体育教育目标不但能够将体育学科的本质功能充分显示出来，而且存在非常明确的可行性和客观性。

5. 层次性

处于不同年龄阶段的学生身心发展方面都会存在较大差异，因此，在不同的阶段，学生通常需要完成特定的教育目标，如学前教育阶段的体育教育目标、中学阶段体育教育目标等。此外，根据不同的实现周期，还可以将体育教育目标划分为长期目标、中期目标以及短期目标等。从表面上来看，各类目标的内容方面虽然存在一定的差异，但事实上，不同目标之间由低到高、由小到大或者由具体到抽象之间都存在一种比较明显的层次递进性，目标之间存在一定的从属关系。

（三）体育教育目标的制定依据

1. 依据社会政治经济状况及体育事业发展的需要

体育教育在实施以及发展的过程中会受到社会政治、经济、科学技术等诸多社会条件的制约和限制，这些因素对于体育教育的发展方向和发展进程都具有一定的决定作用。目前，从我国的社会发展来看，中国特色社会主义进入了新时代，我国社会主要矛盾已经转化为人民日益增长的美好生活需要和不平衡不充分的发展之间的矛盾。基于这一要点，我们在制定体育教育目标的时候，必须始终坚持社会主义发展方向，紧紧围绕社会主义初级阶段的根本任务，为中华民族整体的生活水平和健康水平的提高提供服务。对体育事业的发展来说，国家的经济发展状况决定了其发展水平和规模。目前我国仍处于社会主义初级阶段，人口众多，人均收入相对较低，地区之间经济发展存在一定的失衡现状，这都是影响和制约我国体育教育目标顺利实现的重要因素。

与此同时，作为一项比较特殊的教育活动，体育教育不仅是学校教育的一项重要组成部分，而且是体育事业和工作当中的重要内容。因此，体育教育目标不仅要和整体教育目标相适应，而且要与体育事业的发展方向一致，并且具有重要的推动作用。如此一来，体育教育才能够顺利、稳定、健康地发展。

2. 依据体育教育的本质功能和基本特点

体育教育的本质功能是帮助学生强化身体素质，推动学生生理和心理健康全面发展。而体育教学基本特点则是需要身体直接参与到体育活动之中。因此，在制定体育教育目标的时候，必须将之能够推动身心健康全面发展的本质功能体现出来，并且要借助大量亲身参与的体育活动来推动体能发展，从而为树立终身体育意识奠定良好的基础条件。也正是因为体育教育所具备的这一本质功能，使得其本质和特点自然而然地成为制定体育教育目标当中的一个重要参考条件。

3. 依据学生的身心特点及实际需求

学生作为体育教育目标的主要实现者，不同年龄、不同性别的学生心理发展状况和生理发展状况等方面都存在比较明显的差异，在性格特点、运动能力和水平、兴趣爱好以及体育需求等诸多方面也具有一定的差别。这就要求相关教育工作者在选择体育教育的内容、安排组织形式以及教育手段和措施的时候，都要视具体情况区别对待。也就是说，在制定体育教育目标的时候，必须对学生的心理特征和生理特点等进行充分考虑，才能制定出更具科学性、可操控性更强的体育教育目标，也才能将学生的主体性更加清楚系统地体现出来。除此以外，体育教育目标制定过程中还应该对学生的学习需求、兴趣爱好、身心发展需求等个体差异化需求进行了解和必要分析，这样制定出来的体育教育目标才会与学生的实际生活更加接近，才更加有利于达到终身受益的效果。

另外，体育教育目标的制定过程中还应对不同地区、不同学校的实际办学条件进行充分考量，包括体育教育的数量、体育教师的教育水平、体育教师的技能水平、体育场地和教具等条件，以便更好地确保体育教育目标的可行性和可操控性。

（四）我国体育教育的总目标

根据现阶段我国的具体国情和时代发展的特征及需求，体育教育是通过各种形式和性质的体育教育活动使学生达到以下要求：第一，有效地增进学生的健康；第二，能较为熟练地掌握和应用基本的体育与健康知识和运动技能；第三，形成运动的兴趣、爱好和坚持锻炼的习惯；第四，培养和形成良好的心理品质，提高人际交往的能力与合作精神；第五，提高对个人健康和群体健康的责任感，形成健康的生活方式；第六，形成积极进取、乐观开朗的生活态度；第七，提高少数学生的运动技术水平。

三、体育教育的功能表现

（一）本质功能

前面内容提到，体育教育能够帮助学生提高身体素质，有利于其身心健康发展。实际上，这不仅是体育教育的特殊功能，更是其本质功能的一个重要体现。具体来说，体育教育的这种本质功能主要体现为以下几点：

（1）促进骨骼与肌肉的生长发育。对于青少年群体来说，他们还处于生长发育的关键时期，坚持适量的体育锻炼对其健康成长具有非常积极的意义。如有利于他们骨骼的健康生长发育，有利于增加骨长度和密度，能够增加骨直径，可以有效提升骨骼的抗压能力和坚固性，从而有效预防骨折、骨裂等疾病出现。此外，通过参与适当的体育锻炼还能够增加肌肉力量，强化工作的持续性，加大关节活动的范围和幅度，从而更加有效地预防运动损伤的发生，使身体能够保持更加良好的状态。

（2）增强心肺工作能力。通过较长时间和有规律的体育锻炼，有利于推动心脏产生运动型肥大现象。具体表现包括心脏容积增大、心肌与心壁增厚、心排血量增加等变化，这些良性变化不仅有利于心脏泵血功能的有效提升，而且有利于提高血液输运氧气和养料的效率，对人体运动能力的强化具有积极的推动作用。此外，在适当的体育锻炼中，还能够增加肺的通气量，有利于提高肺的换气功能，增加肺活量，改善学生的呼吸系统功能，从而有效强化机体的摄氧能力与利用能力。

（3）增强神经系统的调节功能。神经系统得到强化的主要表现是兴奋和抑制功能趋于稳定与完善，以及反应灵活性得到增强等方面，在一些对抗性突出、动作要求幅度较大的项目（如篮球、排球等）当中表现得更为明显。经常参加体育锻炼，能够有效改善大脑的供氧功能和供血功能，有利于促进大脑皮层的兴奋性；当神经系统的抑制性加深的时候，其兴奋和抑制功能表现得就会更加集中，神经系统的均衡性和灵活性也会得到一定程度的强化，对外界刺激就会有更强的反应能力，思维也会更加敏捷。

（4）提高机体对环境的适应能力。受体育教育特殊性的影响，和其他学科的教育活动不同，大多数的体育教育都是在户外进行的，这就为机体更好地适应外界环境和条件提供了更多机会。适当的体育运动能够提高人体的免疫力，使人们具备更强的抵抗疾病和病毒的能力，从而有效提升人体适应现代化社会生活的能力。

（5）促进心理健康。随着时代的不断发展，社会竞争越来越激烈，无论是人们的生活节奏还是工作节奏都变得越来越快，需要承受的压力也越来越多、越来越大，这种状况直接导致很多人的身体都长时间处于一种亚健康的状态，经常会出现抑郁、焦虑甚至自卑等不良情绪。面对这种情况，需要及时将这些不良情绪和心理问题等发泄出来，如此才能够推动人的健康发展，从事适当的体育活动便是一个很好的选择。如果能够经常从事自己比较喜欢或者比较擅长的体育活动，不仅可以使自己保持心情舒畅和精神愉悦，而且有利于自信、自尊等良好情绪的发展，有利于培养自己树立团结合作、坚持和信任等优良品质。

（二）一般功能

1. 教育和培养功能

作为学校教育中不可缺少的一个重要部分，体育教育在推动人们自我发展的过程中体现出相当重要的教育与培养功能。例如，在儿童成长发育的过程中，体育教师会教导其怎样做跑和跳的动作，怎么做游戏以及怎样和他人合作参与集体比赛等，凡此种种，都是体育教育所具备的重要功能。而在实际生活中，体育教育对人们体质性格的培养与塑造也具有潜移默化的作用，有利于推动人们养成健康积极的生活方式和规律良好的生活习惯。通过体育教育，教师可以将必要的体育知识和技能等传授给学生，使学生能够掌握一定的运动规律、科学锻炼身体的方法。此外，开展适当的体育教育还能够丰富学生的课余生活，引导其养成良好的运动习惯，在学校中创建一种积极健康的体育文化氛围，推动学生体育精神和体育道德的良好发展，引导其树立终身体育的思想和习惯。

2. 德育功能

在德育方面，体育教育同样发挥着十分重要的作用。在体育教育活动的开展中，教育可以通过引导学生进行自主练习，或者组织学生参加集体活动以及参与体育竞赛等，来对学生进行德育。在《体育之研究》一文当中，毛泽东同志提出"德智皆寄于体，无体是无德智也；体育，又足以强意志"的观点，重点强调了体育在对学生进行德育、智育以及增强其意志品质等方面发挥的重要作用。在体育教育活动中，学生在练习和掌握一定运动技能的时候，机体通常都会出现不同程度的疲劳感或者倦怠感，甚至出现一定的运动损伤，导致学生滋生一些心理障碍，面对这种情况，就需要学生具备顽强的意志品质来支持锻炼的顺利完成。此外，通过积极参加集体活动，有利于培养学生的集体主义精神，激发其集体荣誉感，这一价值在以班级或者小组为单位进行的各种活动中体现得更为明显，对于培养和提升学生的团结协作精神以及互助精神等具有重要意义。总体来说，体育教育在培养学生正确的价值取向和价值观念、爱国主义和集体精神以及高尚道德品质等方面都能够发挥出比较积极的作用。

3. 美育功能

审美观的形成不仅受社会发展和时代特征的影响，关键还受个人意识及对美的认识和判断标准的制约。随着社会的进步，人们对美的判断标准不断丰富和深化，例如，如何理解当代生活中的"身材美""健康美""人格美"等。通过体育教育，培养学生对身体形态、动作技能、人格精神等方面的美学判断标准和能力，使其在参与体育锻炼的过程中获得美的享受和升华，有利于形成正确的审美观念。

4. 人文精神教育功能

人文精神是人类为争取自身的生存、自由和发展，以真善美的价值理念为核心，不断追求自身解放的一种自觉文化精神。在学校体育教育中，运动技术和运动生物科学的教育固然重要，但是体育运动的发展，真正起推动作用的是在运动技术背后的人文精神因素。人文精神是体育的思想基础，是体育的精神内涵，是体育的生命线，它决定着体育的社会影响力与发展导向。长期以来，人们对于体育人文社会科学知识的传授十分薄弱，因此，今后在学校体育中必须切实加强人文精神的教育宣传力度，充分发挥人文精神教育的功能和价值。

四、体育教育与素质教育

（一）全面素质教育的理论基础

近年来，随着新课程改革的不断深入与发展，全面素质教育越来越受到人们的重视，越来越多的教育工作者对其进行理论和实践等方面的深入研究与分析，在很大程度上推动了全面素质教育的顺利实施。但是，从我国全面素质教育的提出以及发展历程来看，并不是自上而下进行的。也就是说，我国全面推动素质教育的一个重要原因是教育体制改革的不断深入，是教育现代化发展内涵基础教育素质化本质要求的一个必然结果。因此，在对全面素质教育的理论基础进行分析和深入研究时，应先从理论方面对素质教育中体现出来的主要问题进行探讨，先找到其理论支持条件并且不断深入下去，使之逐渐走向科学化，为素质教育的具体实践提供可靠支持和指导。一般来说，全面素质教育的理论基础主要涉及以下几部分：

（1）哲学基础。哲学基础是全面素质教育的一个非常重要的科学指导思想。第一，马克思主义理论基础中关于人的本质认识对素质教育的本质具有决定作用；第二，马克思主义理论基础中关于人的全面发展学说为现代社会和人的发展等方面的研究活动提供了科学的世界观与方法论。

（2）人才学基础。人才学基础是全面素质教育目标具体化的一个重要依据和支撑。首先，在人才学中，对人才进行划分的时候会将之分为合格人才、专门人才以及杰出人才三个类型，并且对人才的成长和发展规律进行了比较深刻的论述，这些都给全面素质教育的有效实践提供了一定的启示。其次，在人才学当中，对于人尽其才的研究结果表明，人尽其才并不是单纯地尽其现有之才，而且应该不断激发和挖掘其潜在的才能。

（3）未来学基础。对于全面素质教育而言，未来学基础是一个非常重要的发展方向。首先，全面素质教育是面向21世纪提出的一种教育理念，因此，想要推动学生更好地应对未来社会发展的变化需求，必须对传统教育进行适当改革，推动其向现代化教育转变，也就是说，仅仅注重经验教育的传统教育已经无法适应21世纪社会发展的需求变化，因此，必须变革形式和手段，推动其转变为重视信息知识的未来化教育。其次，面向21世纪的全面素质教育必须转变传统教育活动中主要培养内向型和书斋型人才的现状，转而培养更加关注现实、关注未来、有深谋远虑、能够为未来铺路和为后世造福的外向型以及开拓型人才，培养具备创新意识和创新精神以及较强应变能力的人才。最后，全面素质教育必须呈现出开放性的特点，要推动其向一切有关教育的方面发展。

（4）社会学基础。对全面素质教育理论而言，社会学基础是一个必须遵循的现实需求。首先，作为一种比较先进的现代化教育，全面素质教育在我国当前的国情中具有非常广阔的实施背景和条件；其次，不管是当下的教育活动还是未来的教育活动，都应该遵循推动人们综合素质全面提升的原则；最后，全面素质教育作为当代社会乃至未来社会中一个重要的教育体系，其必须充分体现出网络化特征。也就是说，全面素质教育并不只是单纯地指学校教育本身，而且还应该充分体现在家庭教育以及社会教育当中。只有如此，才能够推动全面素质教育目标更快、更好地实现。

（二）全面素质教育的主要特点

1. 全体性

长久以来，我国的基础教育都深受片面追求升学率弊端的影响，尤其是在中小学教育活动的实际开展中，很多时候都只是紧紧围绕那些升学有望的少数优秀学生，其余那些所谓的"差等生"往往只是处于一个比较尴尬的"陪读"地位。这种教育实际上就是一种变相的选拔和淘汰教育。美国著名教育学家布鲁姆曾经提出，教育者应当树立的一个最为基本的态度即选择适合儿童的教育，而不是单方面选择适合教育的儿童。布鲁姆还指出，那些只为少数可能获得最高层次教育的学生准备上升阶梯的教育是一种最大的浪费。

而全面素质教育是一种将全面提升全部学生基本素质为根本目的的一种教育理念和形式，和传统应试教育中突出表现出来的选择性和淘汰性是对立的。全面素质教育理念要求开展的一切教育活动都应该面向全部学生，要为所有学生服务，使每一个学生都能够具备新时代各个公民所具备的基本素质。全面素质教育要求从教育对象入手来明确素质教育的基本性质。

综上所述，全面素质教育的全体性特点主要涉及两方面：一是必须能够推动每一个学生在本来基础之上获得应有的进步和发展；二是要使每个学生在社会要求的基本素质方面都能够达到合格的标准和水平。

2. 全面性

在应试教育理念的影响下，我国学校教育所遵循的主要指导思想便是一切为了升学，尤其是在中小学的教育活动中，"考什么，教什么；教什么，学什么"已经成为一种非常普遍的教育现象。例如，在我国不管是中考还是高考，其主要侧重的范围都是学科课程知识和智育领域，因此在教育方针的贯彻和执行方面就必然会出现重视智育、轻视其他教育的局面；在课程设置方面，学校往往更加注重学科课程的设置和教授，而忽视活动课程和隐形课程的设置；在具体的学科教学方面，学校教育中通常更加重视语数外、政史地以及理化生等与升学直接挂钩的所谓的主要学科，忽视了音乐、体育、美术等所谓的次要学科，甚至在很多学校，即使设置部分体育或者美术等学科，也常常会被所谓主要学科的教师占据时间；而从教育目标方面来看，应试教育当中的学校教育更加重视理论知识的灌输和传授，忽视了智能、动手操作能力以及艺术情感等方面能力的培养与提升。这种片面追求分数的教育必然会导致学生只能够片面发展。

和应试教育不同，全面素质教育要求学生的基本素质都应该得到比较全面而且和谐的发展，而且这种全面性要求是具有一定社会学、心理学以及教育学等理论基础和依据的。具体来说，社会发展对人的素质要求并不是单一方面的，而是全面且系统的。从心理学方面看，人的心理学具有突出的整体性特征，人们的认知过程与情意过程的产生和发展在所有情况中都是相互交织且相辅相成的，由此可见，人的素质发展也会体现出明显的整体性。

综合来看，全面素质教育的全面性要求主要涉及两方面：第一，必须推动每个学生的思想道德素质、科学文化素质、身心素质以及劳动和审美素质等都得到相应的发展和提升；第二，必须推动所有学生的素质结构协调发展，使之得到整体优化。

3. 基础性

对于基础教育的主要任务究竟是什么这一问题，目前来看，在我国"双重任务"仍然占据着主导地位。很多人都单纯地认为，小学教育的主要任务就是帮助学生顺利升上初中，而初中教育的主要任务就是推动学生顺利进入高中，开展高中教育主要就是为了使学生顺利进入大学校园。从这一方面来看，中小学教育活动的开展似乎就是为了使尽可能多的学生顺利进入高一级的学校当中，"升学"自然而然地成为家长、学校乃至整个社会都花费大力气去追求的唯一目标。

综合来看，全面素质教育的基础性要求包括以下两点：第一，学生接受的教育内容必须是当代社会要求每个公民都一定要掌握和具备的；第二，从社会发展角度来看，要培养每一个学生必须掌握"学会做人、学会学习、学会健体、学会劳动、学会审美"等基本技能。

4. 发展性

从传统的应试教育实际开展情况来看，其表现出来的一个大的弊端就是将学生当作单纯接受知识灌输的容器。而全面素质教育与之不同，其不仅非常重视学生理论知识和实践技能的有效掌握，而且十分关注学生个性、潜能等方面的良性发展，这些素质的发展单纯依靠普通的灌输是很难真正实现的。相关的脑科学研究结果表明，每个人的身上都具有很大的潜能，而当前已经被开发出来的仅仅是其中非常小的一部分。所谓潜能，就是每个人身上潜藏着而未被充分发掘的智慧才干以及精神力量。

全面素质教育体现出来的这种发展性表明素质教育对于学生潜能的开发以及个性的发展都非常重视，具体表现为两方面：一方面，所有教师都应该相信每个学生身上都具备进步发展的潜能，不同人在能力方面之所以会有高有低，潜能开发程度存在差异是其中非常重要的一个影响因素，而且目前来看，很多人的潜能实际上并没有真正得到充分开发；另一方面，作为学校教育中的重要引导者和组织者，教师应该在教育活动中为学生创设各种有利条件，从而有效激发和挖掘学生身上藏着的无限潜能与创造力，让每个学生都能够在其天赋所及的领域当中充分展现自己的才能，最大化地实现自我价值。

5. 主体性

在对素质教育和应试教育进行有效区分的时候，常常会以"怎样看待教育教学过程当中学生的地位和作用"为重要标准。在传统应试教育中，开展的所有活动基本上都是为教师的教提供服务的，通常会将学生置于教育的附属或者次要地位，教育活动中满堂知识灌输、学生被动接受便是这种教育观念的一个典型表现。在这种教育活动中，学生能够主动参与到其中的机会非常少。而素质教育与之有很大不同，其非常重视学生的主体性，注重发挥学生在教育教学活动中主体作用的有效发挥。此外，全面素质教育的这种主体性要求是和当代社会实践中人的主体性是息息相关的。

从根本上来看，全面素质教育的主体性主要就是指在教育教学活动中教师必须对学生的自主性、创造性等给予足够的重视。第一，教师必须尊重学生的独立人格，这也是顺利开展教育活动的一个重要前提，也是教师对学生应该采取的一个最基本的态度。事实上，每一个教师都不可能喜欢一个学生的全部方面，但是教师必须树立"每一个学生都是一个有价值的人"这一教育理念和思想，要认识到每一个学生都是应该得到尊重和关注的。第二，教师应该注重学生的主体性，要将学习主动权交还给学生。在开展教育教学活动时，教师应采取必要手段充分激发和调动学生的学习积极性与主动性，教授学生学会学习，给予学生必需的自主学习时间和空间。

（三）目前体育教育中实施全面素质教育情况

随着时代和社会的不断发展，以及人们认知水平的不断提高和需求的不断变化，在体育教育活动中，无论是教师还是学生，都越来越注重素质教育。具体来说，体育教育中素质教育的主要表现形式为知识和能力的相互配合。在体育教育实践活动中，体育教师主要是通过理论与实践相结合的手段来将体育知识和实践经验传授给学生，这样一来不仅能够有效激发学生参与体育学习的兴趣，而且能够丰富和扩展学生掌握的体育知识。

在教育活动中，因材施教、培养学生的学习兴趣一直都是教育者追求的教育理念，而从当前全面素质教育在体育教育中的具体实施情况来看，取得的成果还是非常明显的，很多教师都对自己传统的教育理念进行了转变，越来越注重学生的个性发展和能力的培养，教育活动也会尽可能地将理论与实践有效结合到一起，并且为学生提供充足的展示个性化体育技能的时间。在全面素质教育背景下，体育教育已经不是单纯地对学生进行体能训练以及竞争能力的提升，还包括对学生进行正确的三观和价值取向的培养。

（四）影响体育教育中素质教育实施的原因

（1）受传统体育教育观念的影响。在对我国传统体育教育观念进行认识和研究中可以发现，其最大的弊端就是所有活动均以教师为中心，将固定的教学大纲作为教育开展的基础，而在 21 世纪，这种陈旧落后的教育模式已经无法真正满足学生体育知识方面的需求。在当前的学校体育教育中，很多教师都会形成一个比较片面的认识，即只要上课的时候比较热闹、学生比较活跃，就表示体育课比较成功，但是他们忽略了学生是不是真的被教育内容所吸引，是不是真的想要参与其中。在学校体育教育中，教师的知识水平、教学策略以及创新意识等都会直接影响其主要作用的发挥。从当前的社会关系来看，教师和学生之间不应该只是一种从属关系，而应该是一种相互之间平等地位且比较友好的直线关系，主要原因就是在具体教育活动的开展中，教师和学生之间是需要不断进行互动与交流的，只有良好地互动，才能将理论知识和实践更好地结合到一起。因此，体育教师在开展教育活动的时候，应尽可能地融入学生群体之中，才能够更好地将知识、经验以及技能传授给学生。

（2）教育手段相对落后。在我国传统的教育活动开展中，普遍采用的都是课程为主、教师为中心、教材为基础的教育手段。这种教育手段在一定阶段虽然能够发挥出重要作用，但同样具有比较明显的弊端，忽视了学生在教育过程中的主体作用，对于有效激发学生参与体育活动的积极性和主动性非常不利。在全面素质教育背景下，教师必须意识到学校是一个追求创新创造和个性发展的地方，因此，必须不断对学校的体育教育活动进行完善，将素质教育更好地融入其中。

（3）评价体系有待完善。在体育教育的具体实施中，影响素质教育融入其中的一个重要原因就是评价体系不够完善。在传统教育活动中，通常都是考试的时候考什么，日常教育活动中就学什么，这样一来就会出现学生为了应对最终考试而拼命复习，忽视身体锻炼的情况。我们经常会说"身体是革命的本钱"，而健康则是体育课程顺利开展的重要基础。但是在传统教育认知中，体育课与其他考试科目相比不是重要学科，这与全面素质教育的要求是不符的。

（4）师资队伍的整体素质有待提升。对于体育教育而言，教师队伍的整体素质会对具体课程的教学效果产生直接影响，而且师资队伍的整体素质会直接通过教师的教学手段和学生的知识与技能掌握情况表现出来。因此，在全面素质教育背景下，体育教师不仅要具备较高的思想道德素质，而且应该具备健康的身心素质，具备充足丰富的知识储备。

（5）场地器材不充足。在体育教育活动中，体育场地和体育器材是提升教学质量、强化素质教育、推动学生身心健康发展的重要前提和条件。也就是说，基本的体育器材和设施是开展体育教学、进行体育锻炼必须具备的条件，而科学合理地配置体育器材是激发学生积极参与体育活动，提升教育质量的重要因素。

第三节　健康教育的原理阐释

健康是人类生存与发展的要素。它属于个人，更属于社会。健康与长寿是千百年来人类最美好的愿望。随着医学科学的发展，"亚健康"这一新的概念越来越引起人们的重视。"亚健康"是人体处于非病非健康，有可能转化为疾病，也可能恢复到健康的中间状态。因而"亚健康"也被称为"第三状态"或"灰色状态"。据对国内近万人的调查报告表明，有超过半数的人群处于"亚健康"状态。其中沿海城市的"亚健康"人群比例高于内地，城市知识分子人群高于一般人。处于"亚健康"的人多表现为易疲劳、情绪低落、工作效率低等。在流感等传染病多发季节特别容易染病。超负荷的工作、学习，缺乏必要的体育锻炼，饮食不科学，生活不规律，吸烟、酗酒，以及不注意心理卫生，都是造成"亚健康"状态的原因。"亚健康"状态最大的危害是容易引发多种慢性病，如心脑血管疾病、呼吸消化系统疾病、肿瘤等。这些疾病已经逐渐成为现代文明社会最主要的杀手。因此，我们必须树立强烈的自我保健意识，克服那些对健康有害的因素，在日常生活中自觉坚持科学的生活方式，讲求心理卫生，这样就能够防止出现"亚健康"状态，即使出现"亚健康"状态也可能及时扭转过来。

随着现代文明的推进，人们对健康的关注度也在不断提高。健康教育学便是研究健康促进与健康教育的理论、方法和实践的科学。健康教育学是一门综合性的学科，涉及领域宽泛，不仅包括医学、教育学，还包括心理学、人类学、社会学、传播学等有关学科领域。健康教育及其支持环境对人们的行为和生活方式的改变产生了重要影响。健康教育是人们进行科学的健康促进与管理的基础。

一、健康与健康教育的界定

（一）关于健康

1. 健康的定义

养生防病古已有之。传统观念中，人们对健康的认识停留在"无病无恙"的观念中，将健康简单地理解为：身体机能完好，没有疾病，没有发病症状和体征。这是基于医学对身体状况的评判。如果身体出现症状，身体机能便会出现紊乱，为改变此种症状，就需要接受治疗，以促使机体恢复到原来的健康状态。这种健康观念与细菌学理论相吻合。基于细菌学理论，机体失去健康的过程，意味着细菌侵入机体，引起疾病的过程。而体征和症状是细菌引起疾病的证据。就医的目的便是消灭细菌，促使机体恢复健康。

这种以机体有无疾病作为评判健康与否的观点，是片面的。不仅没有给予健康科学的界定，对于疾病的界定也是模糊，甚至还忽略了疾病与健康之间的中间状态，因而是不完整，也是不科学的。

随着疾病谱和死因谱的演变，许多非传染性疾病和慢性流行性疾病逐渐增加，如心脑血管疾病、恶性肿瘤等，威胁着人类健康。由于引发这些疾病的因素较为复杂，因而防治难度较大，单一对症治疗很难达到目的。所以，在结合不同病因的基础上，更多地或主要地依靠社会预防。采用综合防治的方法降低和排除各种危险因素，达到个体的身心平衡，并与环境协调一致，这样才能获得健康。

由此可见，健康的概念已然发生了很大的变化，其所涵盖的范围有所扩大化，已经不单是治愈疾病那么简单了，而是要综合考虑影响健康的多方面因素，对其加以控制和调节，从而达到综合防治的目的。

1948 年，世界卫生组织对健康提出了明确的界定，将健康定义为："健康不仅是没有疾病或虚弱，而是包括身体、心理和社会方面的完好状态。"从以上定义可以看出，健康不再单指身体上的，还包括社会和心理，因而，这一定义为全世界所接纳，也被称为全面健康观或积极健康观。

2. 健康的内容

根据世界卫生组织对健康的界定，只有当生理、心理、社会三个维度都达标，才能称为健康。具体内容如下：

（1）生理健康

生理健康，包括人体内部和外部，从外部来看，主要是指身体健全，智力正常，生长发育正常，身材匀称，体重适当，适应外界环境变化，对一般疾病有抵抗力，没有躯体疾病等；从内部来看，主要是内部器官发育完好，功能正常，新陈代谢稳定。

世界卫生组织提出的躯体健康标准是：身体强壮，精力充沛，动作协调，反应灵敏，能够正常生活，并能承受一定的压力，处事乐观，态度积极，乐于承担责任；作息规律，睡眠良好；应变能力强，能适应外界环境的各种变化；能抵抗一般疾病和传染病；体重适中，身材匀称，发育正常；眼睛明亮，有神，反应敏锐；牙齿清洁，无龋齿，牙龈颜色正常，不出血；头发有光泽，无头屑；皮肤有弹性，肌肉丰满。

（2）心理健康

心理健康主要是包括心理和精神两部分。健康的心理状态是能够承受一定的压力，遇事从容，意志坚定；具有良好的情绪和情感，积极乐观；有自己的思想和见解，具备一定的表达与理解能力；应付各种应激原挑战的能力；没有精神疾病等。

世界心理卫生联合会提出的心理健康标准是：躯体、智力、情绪协调；对于环境的改变能够很快适应，与人关系融洽，有幸福感，生活态度积极乐观，在工作和生活中能充分发挥自己的能力，效率高。

（3）社会健康

人是具有社会性的动物，社会健康是人适应社会的根本。主要是人具备一定适应社会环境适应能力，具有实现社会角色的能力，为社会做贡献；人际关系和谐，乐于融入社会集体之中，与人相处融洽；具有良好的生活行为方式等。

社会健康是健康概念中最活跃、范围最广、最不确定的一个元素。最活跃是相对社会的发展变革来说的，人类社会自产生以来便处于不断的发展与变革之中，而每一次社会的变革都会对社会性健康注入新的元素；范围广是因为社会性健康不仅针对个体，还涉及一个群体乃至整个社会的健康评价，并受到社会环境的影响；最不确定是因为社会是一个复杂的集体，涉及不同的政治、经济、文化、道德观，不同时期如此，同一时期也是如此，在全球范围内难以形成一个公认、统一的评价标准。

衡量社会性健康的标准有两个：一是社会适应良好，二是具备良好的道德。社会适应良好表现在个体对所处环境有着清晰的认识，热爱生活环境，环境变化时，通过自身的调节，能够很快适应，与环境的良好关系是社会适应良好的主要表现；乐于参与集体活动，与人关系融洽；能够从容应对生活中所扮演的各种角色，并将各角色功能发挥良好；同时，勇于承担相应的责任。道德是社会发展过程中所形成的行为规范或准则，良好的道德即自觉遵守社会行为规范，它着重于健康的维护和促进。良好的道德不仅是个人对自己的健康维护和促进，如建立良好的生活方式、保持良好的心境等，而且还要求个体对他人的健康负责，将维护和促进整个人群的健康行为转化为自觉的行为。如为维护他人健康，不在公共场合吸烟、吐痰等。衡量行为是否道德，不仅要看是否保障社会的存在和发展，还要考虑是否满足每个人的需要。这才是健康道德标准。具备良好道德的人，不会为了一己私利，而侵犯国家和他人的利益。

社会性健康虽然在很早之前就已被提出，但是直到今天，随着人们认识水平的提升，尤其是对于健康的重视，人们对社会性健康的认识才逐渐清晰，并广泛认可。个人的健康维护与促进，与社会性健康紧密联系，社会性健康与良好社会体系的建立也是密不可分的。鉴于此，1997 年第四届国际健康促进大会上发表的《雅加达宣言——21 世纪健康促进》中明确指出："健康的先决条件为和平、住房、教育、社会安定、社会关系、食品、收入、妇女权利、稳定的生态体系、持续的资源利用、社会公正、尊重人权和平等。"

（二）关于健康教育

1.健康教育的定义

健康教育（Health Education），是以促进健康为目的的教育活动，与其他教育活动同属于教育的范畴，有组织、有计划、有目的是其共同点。通过一定的形式和手段，宣传健康的内涵及意义，引导人们自觉改变影响健康的行为和习惯，消除或减轻影响健康的其他相关因素，预防疾病，促进健康和提高生活质量。早在 1954 年，世界卫生组织就指出："健康教育与一般教育一样，关系到人们的知识，态度和行为的改变。一般来说，健康教育致力于引导人们养成有益于健康的行为，使之达到最佳的健康状态。"由此可知，健康教育的出发点在于维护人民群众的健康；具体表现在引导和鼓励人们改变不良的行为和习惯，养成并保持健康的生活状态，自觉维护有益于他人及社会健康的环境。

健康教育是一门迅速发展的学科，在进行健康教育的过程中，需要把握时代的主题，与时俱进，促进社会和谐。

2.健康教育的特点

从健康教育的概念可以看出，健康教育主要有三个特点。其一，旨在预防。健康教育的目的在于防患于未然，在于通过教育，提高个人的健康意识，促使其养成自我保健的习惯，以促进健康。其二，贵在养成。通过教育，达到"知识—信念—行为"的转化，促使个人养成良好的行为习惯。其三，重在体系。完善的健康教育是有目的、有计划、有体系的，从计划到执行，再到评价，都需要一个完整的系统与之匹配。鉴于此，我们认为健康教育是以增进健康为目标，通过教育的手段，向人们传播与健康相关的知识和技能，提高人们的健康观念，养成健康的行为方式，尤其是促进组织行为的改变，从而形成增进自身和他人健康的意识和行为的活动。

诚然，行为的改变与习惯的养成非一蹴而就的。而是一个需要长期坚持的过程。许多不良行为的改变不是个人有改变的意愿就可以实现的。因而，习惯是不断积累而养成的，行为受习惯的影响是客观存在的，除此之外，还受其他多种因素的制约，如社会风俗、文化背景、经济条件、卫生服务等，更广泛的行为涉及生活状况，如居住条件、饮食习惯、工作条件、市场供应、社会规范、环境状况等。因此，不良行为习惯的改变，需要从有助于健康促进的方面出发，增进有利健康的相关因素，如获得充足的资源、有效的社区领导和社会支持以及自我帮助的技能等。此外，还需要从健康教育的对象——人民群众出发，通过采取多样化的手段，宣传健康知识，帮助群众了解自身健康状况，进而根据自身条件，自主选择促进健康的方式，而不是强制他们做出改变，否则适得其反。所以，健康教育不应该是盲目的行为，而必须有计划、有组织地进行，这样才能达到理想的教育效果。

健康教育是宣传健康理念，维护与促进健康的活动，人们通常将其与卫生宣传教育画等号，不可否认，无论是健康教育还是卫生宣传教育，都是促进健康。健康教育离不开卫生健康知识的传播，但知识的掌握必不可少，但当个体和群体做出健康选择时，更需要的是有利于健康的政策、物质、社会和经济环境等支持，需要的是自我保健技能的掌握，以及获得一定的卫生服务等，否则健康很难维持。从这一点来说，卫生宣传教育是促进健康教育很重要的一项手段。健康教育是提供健康知识、技能及服务的有效途径，以确保人们行为的改变。

二、健康教育的目的、任务及意义

（一）健康教育的目的

健康教育的目的性很强，主要是促进和维护健康。所有人都可以作为健康教育的对象，而并非只有病人才需要接受健康教育。通过健康教育，让人们传播与健康相关的信息和知识，乃至维护健康的技能，以提升他们的健康观念，进而通过自主评判，做出维护健康的决策。健康教育的具体目的，体现在以下几方面。

1. 达到知、信、行的统一

知、信、行的统一，主要集中体现在以下几点：一是掌握基本的健康知识，以及与健康相关的其他知识，在健康理念的影响下，行使正确的健康观，改变不良的行为习惯，以科学的方法达到促进健康的目的；二是为广大人民群众，尤其是病人，提供健康信息，引导其采取有益于健康的行为，转变讳疾忌医的观念，加强遵医行为，预防疾病，促进健康；三是帮助患者了解病因、病情、疾病的发生、发展和转归，帮助患者了解未病预防、有病就医的重要性，加强病人的健康管理和遵医行为；四是协调患者及家庭的关系，发挥各自角色的作用，提升其预防疾病、促进健康的意识。

健康教育不是简单的健康知识和信息的传递，而应该对于健康相关知识与信息加以综合，同时，为患者提供可行的实施步骤。

2. 个人和家庭为健康共同承担责任

健康不仅是生理及心理上的健康，更重要的还是社会性健康。因此，健康教育可以看作是综合这三方面内容的同步教育。所以，健康教育的另一个目的，便是让全社会达成这样一种共识，即健康促进是个人和社会共同的责任。也就是说，健康的维护并非政府或医院人员的责任，更需要个人和家庭的积极参与及配合。

疾病谱与死因谱的改变进一步提示人们，预防疾病的重要性。因此，每一个人都应该以健康为己任，加强自我保健意识。

（二）健康教育的主要任务

基于健康教育的目的，健康教育主要有以下几项任务：

第一，让领导层及决策层认识到健康教育的重要性及意义。健康教育是利国利民的大事，是提高国民综合素质的重要举措。只有得到领导层的认可，并促使其从观念上发生转变，进而从政策上支持健康教育，制定各项促进健康的政策，为健康需求和有利于健康的活动创造条件。

第二，健康的促进与维护更重要的在于个人，因而健康教育需要调动个人及家庭，乃至社区的参与性，提高他们对疾病预防、促进健康的配合度，进而提升他们对提高生活质量的责任感。这些需要通过为群众提供健康信息、引导他们提升自控能力，以帮助他们改变不良生活方式和行为习惯，排除影响健康的其他因素，促使他们在面临个人或群体健康问题时，具备基本的判断能力，以便及时而又较为准确地做出抉择。

第三，营造有益于健康的外部环境。任何事物的发展，都是内外因素共同作用的结果，而环境是外因中不可避免的客观因素。健康教育与健康促进，只有在相对稳定，且良好的健康氛围中，才能取得更好的效果。这个良好的健康氛围，就是以广泛的联盟和支持系统为基础，与相关部门协作，共同努力逐步形成的生活环境和工作环境。

第四，健康教育与促进离不开医疗机构的配合。医护人员及医疗部门是推动健康教育与健康促进的后勤保障。对于健康教育而言，就是要积极推动医疗部门观念与职能的转变，使其向着提供健康服务的方向发展。

第五，扩大健康教育的范围，尤其是深入农村，加强对农民群体的健康教育。由于文化水平及经济条件的制约，很大一部分农民缺乏健康观念。健康教育就是要针对这一群体，宣传健康知识，教育和引导人民群众破除迷信，增强科学意识，改变不健康的生活习惯，提倡文明、健康、科学的生活方式，进而提升人民群众的健康观念。

（三）健康教育的深刻意义

通过对健康教育定义和内容的分析，可以看出，健康教育的开展有着深刻的社会意义。

第一，对于国家来说，公民的健康与否，是国民素质的体现，加强健康教育，能够让广大人民群众了解基本的健康及卫生知识，对这些知识的掌握，为我国卫生工作奠定了良好的基础。因此，健康教育有助于我国卫生保健事业的发展，推动防病治病措施的落实。

第二，我国经济发展水平差异较大，人民群众文化水平参差不齐，尤其是偏远、落后山区的农村地区，群众文化素质更低，健康保健意识薄弱。健康教育对健康相关知识宣传，能够扩大卫生保健与健康知识的传播，让更多的人从认识上转变态度，接受并消除影响健康的不利因素，从生活方法和习惯上做出一定的改变，这无疑成为推动各项预防保健措施落实的前提。

第三，健康教育的开展，使人们对健康有了更为清晰的认识；同时，也为卫生保健打下了良好的基础，可以说，初级卫生保健任务的实施完全取决于健康教育的开展。通过健康教育，人们获取知识，改变行为，进而促进健康，在这个过程中，健康教育起着纽带的作用。健康促进使健康教育所产生的行为朝着有益于健康的方向转变，是实现个人与集体，乃至整个社会及国家健康的重要基础性措施。

第四，健康教育的对象是全体公民，是对教育对象进行科学的健康意识及行为的引导，增强其对自身乃至整个社会环境的健康的认识水平。健康教育是提高全民健康素质的重要内容。在健康观念的支配下，人民群众开始追求健康的生活品质，树立健康的生活理念。

第五，从效益上来说，健康教育是一项长期受益的活动。且不需要太大的投入，可以说健康教育利国利民，长期坚持，整个国民素质将会得到大的提升。

三、健康教育的原则和实现形式

（一）健康教育的基本原则

健康教育的贯彻和落实，必须坚持一定的原则。

1. 教育内容的针对性、科学性、实用性与指导性

健康教育的对象不限于病人，所有公民都可以成为健康教育的对象。由于个体差异性的存在，要达到良好的教育效果，需要根据教育对象的实际情况及要求，选择合适的教育内容。这样的健康教育才更有针对性，也更便于被教育对象所接受。

教育内容不能偏离生活，尤其要尽可能地迎合教育对象的需求，符合他们的认知水平，贴合他们的工作、生活。由于教育对象情况的复杂性，教育内容的选择还需要根据不同人群的特征进行适当的选择，与此同时，进行教育方法和教育形式的调整。

总而言之，结合对象的实际选择教育内容是基本，除此之外，还应该突出内容的科学性和实用性。为调动教育对象学习的积极性，还应该确保所传授知识的新、精、博、活等，这样，对教育对象才具有足够的吸引力。

2. 教育方式要考虑目标人群的适应性

通常采用大众传播方式进行卫生保健知识的普及教育；采用人际传播方法技巧进行劝服和行为干预；采用大众传播和人际传播相结合的方式，开展综合性全方位的健康教育、健康促进活动。

（二）健康教育的实现

健康教育的实现，离不开各方面的积极配合，简单来说，需要从以下几方面着手：一是，需要素质较好的教育者。作为教育者，既可以是个人也可以是机构，负责健康知识的传授。教育者必须具备专业的理论和知识，同时需要具备一定的实践能力。二是要有正确

的可以实现的健康信息。三是传播形式要多元化。四是确定教育对象，并对其进行全面、客观的了解，了解其基本情况，便于教育过程更具针对性。五是为保证健康教育效果而制定一系列切实可行的措施。

第四节　体育锻炼的基本原则与方法

一、体育锻炼概述

体育锻炼是人们根据自身需求，选择以体育手段进行身体训练的方式。通常结合自然力和卫生措施。其目的是增强体质，促进健康，保持健美的体形，调节精神和丰富文化生活。

体育锻炼的内容是丰富的，形式也是多样化的。根据锻炼部位的不同，体育锻炼的内容可归纳为以下几类：其一，下肢运动，包括跳绳、跳高、爬山、散步等；其二，伸展运动，包括跳健美操、健身操、引体向上、悬垂、压腿等，游泳也是四肢伸展活动的好项目，其三，全身性运动，主要包括各类球类运动项目等。

体育锻炼对于人体健康有着重要的促进作用，可从生理和心理两方面对体育锻炼的作用加以分析。体育锻炼有利于人体骨骼、肌肉的生长，增强肌肉的力量，促进人体的生长发育；改善血液循环及呼吸系统功能，促进新陈代谢，以及增强体质、提高机体对疾病的抵抗能力；降低儿童在成年后患上心脏病、高血压、糖尿病等疾病的风险。

对于健康而言，体育锻炼是促进和维护健康最简单有效的方式之一。长期锻炼，可增强活力，延缓衰老。除此之外，体育锻炼还对神经系统起到促进作用，改善和调节神经系统对外界刺激的反应能力，从而使人体错综复杂的外部环境做出准确、及时的判断，以保持肌体生命活动的正常进行。

而体育锻炼对心理的好处在于，通过锻炼，能够促进人体内分泌的变化，在运动后，大脑会产生一种被称为内啡肽的物质，这种物质与人的心情有着直接的关系，内啡肽会随着运动量的增加而增加，在内啡肽的刺激下，人的身心就会处于愉悦的状态，压力得到释放，情绪得以缓解，因而，体育锻炼能够起到舒展身心的作用。此外，体育锻炼，能够缓解疲劳，让人的精神处于饱满的状态之中，使人精力充沛地投入学习、工作。从这一点来看，体育锻炼对体力和精力的恢复有着促进作用。体育锻炼可以陶冶情操。体育中的健美操不仅能够享受美妙的音乐，促使健康心态的保持，还能够收获健美的体形，更能够在运动中充分发挥个体的积极性、创造性，收获成功的喜悦与自信，从而使个性在融洽的氛围中获得健康发展。

不仅如此，参与集体性质的体育锻炼，还能够感受到与同伴配合的默契，以及与对手的竞争，有助于协作及集体主义精神的培养。

二、体育锻炼的基本原则

只有科学的体育锻炼才能够起到良好的运动效果。坚持科学体育锻炼，必须坚持以下原则：

（1）循序渐进、有针对性、系统性和全面发展的原则。首先，"万丈高楼平地起"，没有牢固的基础，没有点滴的积累，就无法实现质的飞跃。因而，体育锻炼要以循序渐进为原则。运动项目的选择应做到由易到难，先打好体育基础，才能挑战高难度的运动项目；运动强度及运动量，应由小到大，给予身体一定的适应过程，方可逐渐增加。其次，每个人的身体素质不一样，因而进行体育锻炼，要以自身实际为准，选择与自身健康状况和机能水平相符的锻炼项目及锻炼强度。再次，体育锻炼是一项持续的运动过程，因此需要制订系统的锻炼方案，有序指导体育锻炼，从而保障体育锻炼组织、有步骤地进行。最后，体育锻炼要以人为出发点，着眼于人体各个部位，确保各部位都得到有效锻炼，实现身体的全面锻炼。

（2）经常锻炼，持之以恒原则。体育锻炼，贵在坚持，"三天打鱼，两天晒网"，也起不到任何效果。效果的实现是通过逐步积累而获得的。因此，进行体育锻炼，需要制订一个长期的计划，按照计划内容，逐步落实。只有养成锻炼的习惯，做到持之以恒，才能感受到身体微妙的变化，获取健康的体魄。

（3）锻炼科学性原则。体育锻炼，不应该是盲目的，而应该尊重科学，以科学为基础，进行科学的体育锻炼。科学的体育锻炼是指立足自身体能水平，科学合理地选择运动项目和锻炼方法，合理安排锻炼强度。运动与休息适当交替，避免运动过度。只有坚持科学性原则，才能避免运动造成的损伤，达到健身的目的。

（4）兴趣培养、习惯锻炼的原则。"兴趣是最好的老师"，只有培养对体育锻炼的兴趣，才能自觉地投入体育锻炼，对体育锻炼始终充满热情。也只有在兴趣的推动下，个体才会养成锻炼的习惯，最终获得良好的锻炼效果。

三、体育锻炼的方法

要想获得好的锻炼效果，必须按照科学的锻炼方法进行练习。锻炼身体的方法很多，练习者可根据自身的年龄、性别、职业、体质、健康状况等进行选择。练习法可分为以下几种：

（一）重复练习法

重复练习法是指锻炼者在相对固定的条件下，按照健身计划和要求反复练习同一锻炼内容的方法。这种方法适用于：运动负荷较小或用时较短的练习；动作技术比较复杂，难以掌握的练习；运动负荷较大，难以一次完成的练习。如蛙泳2000米，可将练习分成五组，组间休息片刻，以保证计划的完成。

采用重复练习法应注意以下几方面：

（1）合理安排重复练习的总次数，每次练习的距离或时间，每次练习的强度（速度或时间），各次重复练习之间的间歇时间等。

（2）保证每次重复练习的质量。不能因重复练习的次数多而降低动作要求或减少计划练习的数量。

（3）注意克服重复练习的枯燥感。一方面，要锻炼意志，树立信心；另一方面，可在练习前后或间歇穿插一些轻松、有趣的辅助性练习。

（二）变换练习法

变换练习法是指改变锻炼内容、强度和环境进行练习的方法。如变换练习的项目、提高或降低运动负荷、调整练习要素、改变练习地点等。采用变换练习法，可以提高中枢神经系统的灵活性，发展身体的调节能力和适应能力。

采用变换练习法应注意以下方面：

第一，要以锻炼的实际需要为前提，有针对性地变换练习条件。

第二，合理安排采用变换练习法的锻炼计划，在锻炼中注意收集反馈信息，加强医务监督，及时根据个人的身体健康状况调整计划。

第三，变换练习法是短期的计划安排，变换练习主要是调整，变换练习时间过长、过于频繁都不利于锻炼计划的执行。

（三）循环练习法

循环练习法是根据身体锻炼的需要，确定循环练习的各项练习内容，在一次练习中依次循环进行练习的方法。这种练习方法，可以弥补单一练习对身体发展作用比较单一的不足，使各练习之间的作用互相补充，有利于身体的全面发展。此外，由于锻炼内容多样，能够调动锻炼者的积极性。

采用循环练习法应注意以下方面：

第一，要根据锻炼目的，确定循环练习的各项内容，使之互相配合。练习的组合一定要兼顾发展身体的不同部位、不同运动素质，使锻炼取得促进身体全面发展的效果。

第二，合理确定各项练习的比例和顺序。进行循环时，确定一个中心练习，其他练习可围绕着这一中心练习做出适当的安排。

第三，合理确定每项练习的间歇时间，应保证能顺利过渡到下一项练习。要根据锻炼者的身体健康情况而定。

第五节　体育运动与保健

现代的健康不仅是指四肢健全和身体机能健康，而且需要精神上有完好的状态，还包括人的心理、行为的正常和社会道德的规范，以及环境因素的完好。不良的生活方式导致的疾病，已成为影响全世界人民健康的大敌。运动和饮食是健康的主要因素。因而，养成科学健康的生活方式，坚持合理的体育锻炼，对于增强体质、提高健康水平具有十分重要的意义。

一、体育锻炼的基本卫生知识

在体育锻炼的过程中，存在两个基本要素：人与运动环境。人是运动行为的主体，是体育锻炼的主导要素。运动环境是指人们进行体育锻炼时所处的外界条件，如场地设施、气候等。环境是人实现锻炼行为的外在因素，人体在体育运动时，由于体内物质代谢增强，与环境的关系更为密切，因此，受环境的影响更大。环境在很大程度上影响和制约着锻炼的效果。为了科学地进行体育锻炼，获得最佳的锻炼效果，需要了解运动时的基本卫生知识。

（一）正确做好准备活动

第一，在进行正式的运动锻炼前，需要进行一定的准备活动。准备活动的目的在于舒展筋骨、拉伸肌肉，通过适当的刺激，引起中枢神经系统的兴奋性，从而使身体器官系统机能做出相应的反应，为正式运动做好充分的功能准备。

第二，要认真对待准备活动，根据体育运动的强度和运动时间给予充分的准备。尤其是当学生处于长期缺乏运动的状态，准备活动更应该充分。又或者是在冬天寒冷季节，也要做好准备活动。因为当身体处在低温环境下，身体各器官功能处于休眠的状态，若准备不充分，就进行强度训练，势必损害健康。所以，准备充分与否，可根据自我感觉身体是否发热或微出汗为准。

第三，准备活动不是随意而为，需要根据体育锻炼参与者的基本情况来决定。因此，准备活动要具有针对性。与此同时，还需要注意的是，准备活动完成之后，还要结合体育锻炼的内容，进行相似训练，即专项性的准备活动。

第四，在准备活动结束之后，不能立即进入专项训练的阶段，而是需要给予适当的过渡时间，一般以 1 ~ 4min 为宜，并根据运动的实际情况，做出适当调整。

第五，准备活动不能急功近利，应该讲究科学的原则，根据体育锻炼的项目和强度要求，做到循序渐进，给予机体适应的过程。

（二）注意个人着装，排除安全隐患

参加体育锻炼时，应根据锻炼项目和季节气候的要求着装。运动服装一般应厚薄适当，透气性好，宽紧适宜，这样有利于排汗和感觉舒适，便于运动。运动时所穿鞋子的大小要合脚，以运动鞋最佳，透气性要好，鞋底要有弹性，不要穿皮鞋、硬底鞋、塑料鞋或高跟鞋。尽可能穿棉线袜，袜底要平整等。最好不要戴戒指、项链、胸针、别针等首饰和小刀等锋利物品，以免在运动中割伤或划破皮肤。

（三）熟悉场地设施条件，锻炼时做到防患于未然

不良的场地设施，容易使锻炼者造成运动损伤，也不利于运动成绩的提高。因此，学生要了解体育设施的基本状况，在锻炼时就会做到防患于未然。下面分别对学校体育课程设置的主要运动项目的场地设施进行介绍。

1. 室外体育设施

（1）田径场：在我国，有条件的学校都在田径场上铺设有塑胶跑道，另外还存在一定数量的煤渣跑道。进行跑的各类项目，最好在跑道上进行。锻炼时，跑道地面一般应平坦、无碎石、浮土等其他杂物；地质较结实，有较好的渗水性或排水功能，并且有一定弹性，弹性不能过大也不能过小。弹性过大，人体在踏地时地面给予的反作用力就越大，容易造成下肢应力性损伤；反之，弹性过小，反作用力又不够，就会跑不快、跳不高，影响运动能力的发挥。在跑道的终点附近不要设有障碍物，以免学生在冲刺中撞伤。

选择跳跃场地时，要考虑其方位，避免在助跑或跳跃时阳光耀眼，造成受伤。跳远场地的沙坑内要铺有 50 ～ 60 厘米厚的干净细沙，不能掺杂有小石块或其他硬物等杂物。踏跳板与沙坑边缘、坑内的沙面应与地面齐平。进行跳高与撑竿跳高练习时要检查跳高架的稳固程度和海绵的厚度与平整程度，避免腾空落地时跳高架后倒伤人和肩、背落地受伤。选择投掷场地的首要条件要注意安全。投掷场地一般要与其他场地分开，投掷圈和保护网应完整，练习时要严禁在投掷区附近站人，严禁器械同时对掷。器械落地区应松软，以免落地时器械弹起伤人。

（2）球场：篮球场和排球场地面应平坦结实，无碎石浮土，不过硬过滑，以防止跌倒和减少震荡。足球场地应平坦，最好铺有草皮，场地上不宜有石子、砖块、碎玻璃、铁钉等硬物。要求球门、球网设施稳固、安全；球场边线外 2.5 米范围内不应设有障碍物。

2. 室内体育设施

体育馆要有足够的照明，光线分布均匀，若人工照明，放射光谱最好接近日光光谱。同时体育馆还要注意经常通风、换气，保持空气新鲜。室内应严禁吸烟。应有足够的采暖、降温设备，尽量保证室内有适宜的温度。

3. 其他条件

学校根据自身条件，经常会组织学生参加各种各样的课外体育活动，如有时去野外组

织各种越野赛和去校外开展一些学校无条件开展的项目。这时要注意地形和环境的不同，选择有利地形，熟悉运动路线，防止发生伤害事故。

（四）定期进行体检

为了解每一个学生的身体健康状况，掌握体育锻炼对学生体质的影响及机体的变化，确定体育锻炼内容和方法是否合理，运动量是否适宜，小学生应当定期进行体格检查。"全民健身一二一工程"中就规定学校学生每年应当进行一次体检。这是非常必要的。

（五）合理补充营养物质和水分

参加体育锻炼所消耗的大量营养物质和水分，必须及时从饮食中得到补充，以稳定体内环境平衡，加快机体的调整和恢复。

运动时机体内发生一系列生理生化反应，新陈代谢旺盛。单位时间的能量消耗高于安静时的几倍至十几倍。这些变化使机体对营养物质和水分的要求大大增加。如果缺乏足够的营养和水分，消耗得不到及时补充，使机体处于"亏损"状态，机体内环境平衡被破坏，因脱水和衰竭导致生理机能和运动机能下降，影响身体健康和运动水平。

合理饮食要做到：①定时就餐，尤其应当重视早餐；②营养全面，不要偏食，注意补充蛋白质、无机盐和各种维生素；③合理补充水分，运动中和运动后不要立即大量饮水，这样不仅影响运动，而且会加重心脏和肾脏的负担。

（六）不适宜体育运动的情形

1. 运动后不宜立即进食，饭后不宜立即进行健身运动

运动后不宜立即进食，这是因为，人体运动时，大脑皮质神经处于相对兴奋的状态，而其他部位则处于相对的抑制状态；又由于运动后，促进了血液循环，致使大部分血液分布在运动系统，从而导致消化系统血液不足，影响胃肠蠕动。而胃肠蠕动才能促进消化液的分泌。消化系统血液供应减少导致肠胃蠕动减弱，相应的消化液分泌也随之减少，由此带来消化功能下降。

而在运动结束后，这一状况并不会立刻消失，而在短时间内仍会持续，所以，此时选择进食，不仅影响食物营养的吸收，若长期下去，就会引起消化不良，诱发慢性胃炎等肠胃疾病，对身体的健康造成威胁。同样，饭后也不能立即进行体育运动，因为，饭后实物尚储存于肠胃内，未完全被消化，此时进行体育锻炼，不仅妨碍腹肌活动，对呼吸造成影响，影响运动的效果。更重要的是饭后剧烈运动，极容易牵扯肠系膜，造成腹痛和不适，甚至胃下垂。因此，无论是饭前还是饭后进行体育锻炼，都需要选择合适的时间。一般运动后就餐，选择在身体休息 0.5h 以上方可；而饭后运动，需要间隔 1.5h，这样才能保证体育锻炼的科学性。

2. 早晨空腹不宜进行长时间剧烈运动

体育运动需要消耗能量，尤其是剧烈的体育运动，对能量的消耗量更大。从生理学角

度来说，人体能量主要来源于体内血糖的氧化。而空腹锻炼，体内的血糖供应有限，而持续的锻炼过程对能量的消耗无限，这就导致供需平衡被打破。在这种状态下，就极易发生低血糖症状，直接影响人的精神状况乃至运动效果。

不仅如此，空腹本就不利于肠胃的健康，极易诱发肠胃疾病。加之空腹进行长时间剧烈运动，会加重胃部发生痉挛性收缩的风险，诱发胃痛，久而久之导致胃炎疾病的发生。学生应树立科学的体育锻炼卫生常识，一般来说，体育运动最好不要空腹，若不可避免，如果是晨起空腹运动，运动时间要合理控制，以 1h 为宜，且强度不宜过大。

3. 刚睡醒后不宜做大强度的锻炼

人在睡眠中时，机体器官功能也都处于休眠的状态。因而在刚睡醒时的时候，乃至持续一段时间，人体器官及内脏也处于缓和的初期，体育锻炼是通过对人体各器官功能的刺激，促使其自我调节与适应，并做出反应的过程。在各器官功能不活跃的情况下，进行体育锻炼，器官系统的功能无法得到最大限度的发挥，尤其是中枢神经系统对外界刺激的反应。所以人在刚睡醒时，全身肌肉尚处于软弱无力的松弛状态，各器官系统也都呈现惰性的一面。若此时进行高强度的体育锻炼，不仅得不到锻炼的一般效果，反而可能因为用力过急、过猛，而造成身体的不适，甚至身体所承受的负荷过大，而导致肌肉损伤。

正确的做法是：运动锻炼前，需要做好充分的准备工作，以感到身体发热、精力旺盛、活动自如时，以循序渐进的方式，投入大强度的锻炼。

4. 大运动量后不宜立即用热水洗澡

人体在大强度运动时，心跳加快，肌肉血流量增加。即使运动结束，这一状态也会持续一段时间。如果此时立即洗热水澡，在热水的刺激下，皮肤血管将会进一步扩张，从而使得更多的血液进入皮肤、皮下组织和肌肉。人的血液量是有限的，供应皮肤及肌肉的血液量增加，就意味着流入心脏和大脑的血液量减少，这样，就会造成大脑因血液供应不足，而产生缺氧状况，导致头昏眼花，胸闷不适，甚至晕厥。

大量运动后一般不建议立即洗澡，而应该休息 15 ~ 30min，待体温、心率恢复正常后方可，而且要控制水温，以 37 ~ 40℃为宜。

5. 夏天运动后不宜立即洗冷水澡

人体在进行大量的运动之后，体内新陈代谢加速，体温升高，全身皮肤血管扩张，汗毛孔放大，排汗多。这个时候洗澡，不能太过随意。尤其是在炎热的夏天，很多人都认为用冷水洗澡很舒服。但是这是对体育运动卫生认识上的误区。在进行大量运动后立即用冷水洗澡，将身体置身于冷热交替的边缘位置，在冷水的刺激下，原本张开的皮肤表面血管，便会立刻收缩；与此同时，汗毛孔迅速关闭，而体内的热量还未完全散发出去，影响皮肤对体温的正常调节，使调节功能受到阻碍，这就极易导致机体发病，或是引发其他疾病。如若需要洗澡，首先应该用毛巾把汗擦干，然后等待一段时间，待身体恢复正常，才可洗澡。

二、体育锻炼与健康促进

（一）健康促进活动的社会意义

健康促进是采取一切有益于健康的手段，用于干预影响人们健康的生活方式、行为和环境，以达到人类健康的目的。健康促进在社会发展中有着特殊的意义。

第一，健康促进活动是卫生保健事业发展的必然趋势。进入现代社会以来，人类的健康状况受到了极大的挑战，感染性疾病已不是威胁人类健康的主要因素了，取而代之的是以冠心病、心脏病等为代表的慢性疾病，成为影响人类健康的危险因素。对于这些疾病的治疗，单纯依靠药物是不可行的，而必须依赖社会性措施的突破。研究表明，通过社会性行为方式和良好生活习惯的养成，能够起到很好的预防疾病的作用。健康促进的核心便是如此。通过健康促进，达到预防和降低疾病危险因素的目的。基于此，健康促进意义重大。

第二，健康促进活动是一项低投入、高产出、高效益的保健措施。健康促进，是通过转变不良行为方式，形成良好生活习惯，从而降低疾病发生的风险，是一种追求健康生活方式的活动。从成本和效益角度来看，与其他形式的投资活动相比，健康促进对投入并没有硬性要求，只要能够达到健康目的即可。由此可以看出，它是一项低投入、高产出、高效益的保健措施，对于国家级社会健康的长久发展影响深远。

第三，健康促进活动是提高人们自我保健意识的重要渠道。自我保健，是人们为了维护和增进健康，而自觉进行预防、发现和治疗疾病所采取的卫生行为，以及做出的与健康有关的决定。自我保健的范围不仅是个人，还包括家庭、社区及单位开展的以自助为特征（也包括互助）的保健活动，是个人能动性的体现，从而提高人们对健康的责任感。

健康促进活动的开展，有助于发挥自身的健康潜能，提高人们的自我保健意识和能力，促使人们自觉地从身体、心理，乃至社会关系各方面进行调适，最终实现人口健康素质的提高。

（二）体育锻炼与健康促进的基本原理

体育锻炼是人们根据自身需要和身体素质水平，自主选择以体育为主要形式的锻炼方式，并借助自然力和卫生措施以促进身体素质提升的活动。体育锻炼的过程中，能够促进肌肉及骨骼的生长，起到促进身体发育、增强体质、调节精神、丰富文化生活的作用。经常参加体育锻炼，能够强身健体，防治疾病，维持健康的体魄和心理。然而，体育锻炼对健康的促进是有条件的，即必须以科学的锻炼为前提。科学的体育锻炼能提高人体健康水平；反之，盲目的、违背客观规律的体育锻炼，只会适得其反，甚至有害于健康。体育锻炼与身体健康在本质上是一个适应过程。

体育锻炼对身体健康的转化，主要是基于生物学的观点，即超量恢复（超代偿）学说与应激学说。

1. 超量恢复学说

"超量恢复"最初是解释运动训练效果的生物学机制，是基于运动负荷刺激下肌糖原的"下降—恢复—超量恢复"过程，并将其进一步延伸至整个人体，用于解释人体机能能力的增长。此后，超量恢复迅速成为"运动训练生物学基础"的一个重要组成部分，并被延伸作为"超量负荷"训练原则和体育锻炼原理的依据。

超量恢复学说认为，在正常状态下，人体器官机能处于平衡状态，而当机体受到一定的负荷刺激，机体内的能量储备、物质代谢以及神经调节系统的机能水平就会发生变化，随着刺激的增强，这种变化越明显，表现为能量的降低，进而出现疲劳。在承受这些负荷后，随着身体对外界刺激的适应，身体机能不仅可以恢复到负荷前的初始水平，而且能够在短期内超过初始水平，达到超量恢复的效果。

如果此时增加新的负荷刺激，便会形成新一轮的"负荷—疲劳—恢复—超量恢复"的过程，进而在更高水平层次上周而复始地进行，实现人体机能的不断提高。恢复过程与运动负荷的时间和强度有着直接的关系。运动刺激后的恢复过程大致可分为三个阶段。

（1）运动时的恢复阶段。人体在进行体育锻炼后，机体能量也会随之消耗，这一阶段既有能量消耗（分解）过程，而同时进行的还有恢复（合成）过程，只是在运动状态下，伴随运动强度及运动时间的持续与增加，消耗能量物质较多，身体各器官系统即使发挥最大的机能能力参与恢复（再合成），也无法弥补能量的消耗，伴随能量的缺失，身体活动机能也呈逐渐下降趋势。能量消耗大于恢复，是这一阶段的主要表现。

（2）运动后的恢复阶段。非运动状态下，人体对于能量的需求，处于供需均衡的状态。能量的消耗随着运动量的增强而逐渐增加，随着运动的结束而逐渐减弱，直至趋于平衡。在运动结束后，人体不再需要消耗过多的能量。所以，恢复过程占优势。在恢复过程中，人体能量物质和器官系统的机能能力逐渐恢复到运动前的水平。

（3）超量恢复阶段。这一阶段也可以看作运动恢复的后期阶段，在此阶段，体内被消耗的能量物质（三磷酸腺苷、蛋白质、糖和无机盐等）不仅能恢复到运动前的原有水平，而且在一段时间内，甚至可出现超过原有水平的现象，即超量恢复。

超量恢复的生理机制十分复杂，在这里，不做过多专业性的陈述，需要说明的是：超量恢复，是生理学的概念。简单来说，它主要是因刺激与反应的关系而形成的。不同程度的刺激，便会产生不同程度的反应，这与人体机能的程度能力有关，高强度运动刺激，需要消耗大量能量物质，使人体器官系统原有的平衡状态被打破，从而引起相应的反射性能量补偿。超量恢复是客观存在的规律，在体育锻炼中，正确运用和掌握这个规律，是进行科学体育锻炼的前提，维护健康促进的关键，也是体育学科研究的热点。

2. 应激学说

应激学说，是20世纪30年代由被誉为适应理论之父的H.塞利（H. Selye）所提出。他将人体的"应激反应"视为一个过程，并将这一过程分为三个阶段。

第一个阶段是报警阶段，即当身体受到外部刺激，便会引起神经系统或是身体器官其他功能的反应，也可以看作机体对刺激的一种生理唤醒和动员期；第二个阶段是抵抗阶段，即在外部刺激下，机体通过功能调节以不断适应过程，也是机体对刺激的防御和忍耐期女第三个阶段是疲惫阶段，是机体能量逐渐降低的过程，也称为机体对刺激抵抗力的丧失期。

从运动训练的角度来看，塞利的应激学说理论为运动训练奠定了理论基础，从生物学角度来看，人体在对外在环境的适应过程中，会面对各种不同的"应激原"，尤其是在体育锻炼的过程中，不同的运动形式及运动强度以及其他方面的因素，都会成为"应激原"，运动负荷也是众多刺激形式中的一种，而"适应"的过程，就是机体对训练负荷的"代偿性"变化，这种变化同样取决于运动负荷的强度、时间等，同时也决定了运动能力的发展水平。

应激学说，也对运动结束后机体的恢复过程进行了分析，将恢复过程分为快速恢复过程和延迟恢复过程。快速恢复阶段，主要是从运动结束后的几分钟到几小时，这一阶段中，机体一些主要功能指标，如心率、血压、乳酸含量等，首先快速恢复到训练前的安静水平，之后机体内环境平衡也恢复到运动前的状态，运动中大量消耗的能量物质储备，如糖原等，也在该阶段开始补充甚至出现超量恢复。在延迟恢复阶段，运动能力和机能将得到重建。也就是说，对于一些能量物质或机体能力来说，超量恢复贯穿快速恢复和延迟恢复两个阶段。

超量恢复学说和应激学说都是对体育锻炼与身体适应关系的研究，二者在研究目的上是一致的，不同之处在于：前者侧重于整体水平；而后者更多的是从系统水平的调节入手。无论哪种形式，最终的落脚点都在于机体整体水平的促进。

三、运动卫生和保健

体育锻炼的目的主要在于强身健体。在体育锻炼中，必须遵循科学的锻炼原则，并结合自身体能水平及状态，循序渐进，持之以恒，并加强运动安全与卫生保健措施。促使体育锻炼最大限度地满足人体生理与心理的需求。除此之外，还应懂得在锻炼过程中处理好体育锻炼与环境卫生关系的重要性。只有这样，才能保证体育锻炼的科学性、有效性及安全性。

（一）个人卫生保健

卫生与健康有着最为直接的关系，卫生条件的改善，能够在很大程度上减少疾病。个人卫生保健的内容是多方面的，一切有助于促进个人健康的因素，都应纳入卫生保健的范围。

1. 生活规律

有规律的学习和生活，有助于促进人体器官功能的持续和稳定，增进健康；反过来，持续而稳定的人体器官功能的发挥，能够使人保持健康的状态和旺盛的精力，从而促进工作和学习效率的提高，也才能够以最饱满的精神投入体育锻炼，获得更好的锻炼效果。因此，从健康的角度出发，要在条件允许的情况下，尽量保持生活规律的相对稳定。如若遇到特殊情况，也可适时做出调整，最大限度地维持规律的生活。

2. 合理休息

人体犹如机器，各器官犹如机器的零部件，机器尚且无法做到不间断工作，更何况我们人类。所以，需要合理安排作息时间。我国劳动法对工作时间进行了硬性规定，即每天工作时间应在 8 小时以内，每周工作时间不得超过 44 小时，这是科学的工作时间的范围。如果过多地超出这个范围，不仅耽误休闲、娱乐等调节身心的时间，让身体长期处于负荷的工作状态，影响身心健康，而且也会降低工作效率，甚至妨碍个性发展。

研究表明，人的身体机制并不适合长时间的超负荷工作，否则就会使机体产生疲劳感。所以，掌握科学的作息规律尤为重要。根据机体的运作机制，应注意劳逸结合，合理安排工作和休息，给予机体充足的休息与恢复时间，张弛有度，才能提高效率，促进健康。

3. 睡眠充足

睡眠是人体维持机体正常生命活动的自然休息，睡眠不足，容易导致机体内分泌功能的紊乱，最直观的外在表现便是精神状态不佳，工作效率低下。研究表明，人的一生中大约三分之一的时间是在睡眠中度过。因而，睡眠对人体至关重要。

睡眠有深度睡眠与浅度睡眠之分，深度睡眠期间，人体生长激素成分明显升高，身体各器官功能能够最大限度地释放，有助于促进生长和体力恢复。而当处于浅度睡眠时，人经常会产生梦觉，且很容易因外界影响而被迫中断睡眠，长此以往，就会影响人体健康，使人处于亚健康状态。为了保证睡眠的充足，应养成按时睡觉，早睡早起的习惯。研究表明，正常成人每天须保证 7 ~ 8h 睡眠。还需要特别注意的是，睡眠前应避免剧烈运动及过度饮食，而让身体长时间处于兴奋状态，这会影响睡眠。此外，还应该坚持温热水洗脸洗脚，同时还要有良好的睡眠环境。

4. 心理卫生

心理卫生是根据心理学的特点及规律，以科学的心理标准为原则，对个人的心理活动进行引导和干预，旨在保护和增强心理健康，提高对社会的适应能力。心理疾病已成为全球社会共同关注的一项重要课题，对心理疾病的预防和治疗，有助于健康的促进。

心理学家将心理健康的标准归纳如下：一是情绪稳定，不轻易大喜大悲，没有压迫感，能够通过自我调节，促使紧张情绪得到缓和，有较强的适应能力。二是情感丰富，能够适度地表达与控制情绪；富有同情心和爱心。三是能表现与生理发育阶段相适应的情绪。四是能够克制个人需要和受客观环境限制的欲望。五是热爱生活，能接纳并包容他人，能与人和睦相处。六是能够客观地自我评价，接受自己的缺点和不足，意志健全，表现为自信，有坚强的意志力等。如果表现出情绪失常，或出现了与以上内容向左的情况，则意味着情绪出现了问题。

养成良好的心理卫生，应从树立崇高的理想、陶冶高尚的情操，培养良好的情绪、感情和性格，协调人际关系等方面入手。

5.饮食卫生

食物是人体获取能量的主要来源，人体从食物中获取营养，食物中的营养成分，如碳水化合物、脂肪、蛋白质、维生素、矿物质、水和纤维素等，是人体所必需的物质。只有摄入足质足量的食物，才能够补充人体所消耗的能量。

因此，要养成良好的饮食卫生习惯，就要保证饮食合理，营养均衡，不挑食、偏食。俗话说：吃饭七分饱。就是要求不能暴饮暴食，尤其不能在睡觉前吃太饱。

除此之外，还应该注意食物的清洁，不食用不洁食物，不饮用生水，饭前饭后不做剧烈运动等。

（二）运动的一般卫生要求

1.注意运动的环境

人的生存离不开环境，环境与人的生活息息相关。体育运动，无论是在室内还是室外，都是在一定的环境作用下进行的。因而，卫生环境对于体育锻炼至关重要。通常，对于生活中的人们来说，他们一般会选择在公园进行体育锻炼，毋庸置疑，这是人们在体育锻炼中对卫生环境的重视最直接的体现。

卫生环境之所以对体育锻炼有着极为重要的影响，在于当人在进行体育锻炼时，机体为了满足运动的需要，内脏器官呼吸和循环系统的活动相应加强，突出表现是呼吸加深、加快，肺通气量明显增大。此时，如若空气环境质量较差，不仅不利于体内氧的交换与补充，而且还会因为吸入大量夹带细菌病毒的气体，诱发呼吸道疾病，对健康造成威胁。因此，要掌握呼吸的技巧，除了养成用鼻子呼吸的良好习惯（鼻腔中的鼻毛和黏膜分泌的黏液对空气中的灰尘、细菌等有一定的清除作用），更重要的是要提高对卫生环境的关注度，选择有利于促进健康的锻炼时间和场所。

现代社会普遍强调有氧运动，所以在进行体育锻炼时，要选择在阳光充足、空气新鲜的环境中进行，如若在室内，必须保持室内空气流通，光线充足。

2.养成良好的生活习惯

（1）生活制度化。制度化是将某种特殊的形式或现象转变为大众普遍认可的、固定化的模式。生活制度化，简单来说，就是将生活规律化。即合理安排每天的作息，将工作时间、饮食，睡眠，乃至休闲、锻炼等活动，有组织、有步骤地进行。合理的生活制度，有助于机体功能的恢复与调节，以保证机体在工作、学习和锻炼后所产生的疲劳，适时得以消除，既能够为更好地工作和学习创造良好条件，也有利于促进身体健康。经常不规则的作息制度，扰乱了身体器官功能的平衡，使大脑皮层中建立起来的"动力定型"遭到破坏，以致陷入紊乱状态。当神经系统机能减弱时，其他各器官系统的机能也会受到影响，从而影响学习和工作效率，有损于健康。

（2）锻炼经常化。体育锻炼是一项长期的运动，锻炼的效果会随着时间的持续逐渐显现，因而体育锻炼贵在坚持。"三天打鱼，两天晒网"，起不到运动锻炼的目的。科学的体育锻炼，应该是一个循序渐进、持之以恒的过程。例如，每天坚持"两操活动"。这对于固定体位的（如长时间静坐姿势）工作者，特别是脑力劳动者来说尤为重要。

久坐不动，会造成下肢血液循环不畅，影响脑部血液的供应，而大脑是人体所有器官中耗氧量最大的部位，约占全身需要量的1/4。脑部缺血，将会直接导致氧气供应受阻，从而造成大脑缺氧，这就是久坐不动的人出现头昏脑涨现象的原因。

体育活动，可以加快各部位的血液循环，改善各器官组织的氧气和营养物质的供应，促进体内新陈代谢，从而改善整个机体的机能状态，使人保持充沛的精力，从而提高工作和学习效率。此外，有规律地参加体育活动，还能够让人在紧张的工作与学习之中，保持一种积极向上、健康的学习及生活的态度。

（3）个人卫生清洁。个人卫生，体现的是一个人的素养。无论在工作生活之中，还是在体育锻炼的过程中，个人卫生都应引起人们的重视。生活中的个人卫生清洁问题，主要体现在穿衣打扮方面，如衣着舒适、整洁，发型美观，不油腻，符合大众审美、面部清洁、牙齿洁白等。而体育锻炼中的个人卫生清洁，主要表现在以下方面：运动之后，应立即换下被汗湿的衣服，用毛巾擦干汗水或是用温水清洁身体。有的人图省事，在运动结束后，继续穿着湿衣服直至将衣服捂干，这是一种非常不健康、且不卫生的做法，甚至会因此而生病。有条件时，可泡个温水澡，能使皮肤松弛、血管扩张、汗腺开放，从而促进代谢废物的排出。

此外，体育运动的着装也是个人卫生清洁的体现。体育运动过程中，需要多备几套衣服，便于替换。此外运动着装的选择很重要，既要透气性好，具有吸汗、保暖等特性，又要舒适轻便，便于活动，不对身体造成束缚，且有一定的保护作用。体育锻炼对鞋子的要求也较高，以运动鞋为首选，鞋子要合脚且柔软舒适。

对有着特殊要求的运动项目，如长跑或锻炼时需要在硬路面进行时，出于健康的保护，可在鞋内或后跟垫一块海绵垫，以免因路面过硬而引起脚跟骨挫伤。体育锻炼重在运动，因此，在参加体育运动时，不能携带可能对身体造成伤害的锋利物品，如铅笔刀、小剪刀等。

（三）运动过程中的卫生常识

体育锻炼的过程离不开运动中的卫生保健，因而掌握一定的运动卫生常识极为必要。在参加体育锻炼过程中，首先，必须对人体组织结构有一个大致的了解；其次，还应该掌握基本的生理卫生知识，以便在进行体育锻炼的过程中，坚持以遵循人体基本规律为前提，并结合生理卫生常识，有针对性地运用医学知识指导身体锻炼，才能提高体育锻炼的有效性，达到增强体质、预防疾病的运动目的。

1. 准备活动

准备活动是正式运动前的热身，也是提高人体机能的一种措施。旨在通过简单的热身项目，刺激机体器官，使其对外部的刺激做出反应，进而通过功能的调节，主要是使人有目的地通过一系列身体练习，来适应环境的变化。即实现身体从安静状态自然过渡到运动状态。准备活动是为运动奠定基础的阶段。

准备活动对于体育锻炼的开展有着积极的意义，主要表现为以下方面：

首先，提高中枢神经系统的兴奋性。准备活动是运动前的热身，以便最大限度地调动机体器官功能，尤其是对神经系统的刺激，增强其兴奋性，促使其达到运动前的最佳状态，为进入运动状态奠定基础，同时加强调节与肌肉活动有关的神经系统之间的联系。

其次，克服内脏器官的生理惰性。人体中的不同器官，从受到外部刺激，到适应的过程，所需要的时间不同。这一过程也可称为唤起惰性的过程。一般来说，肌肉惰性较小，从刺激发生到最大限度地发挥其功能，需要 20 ~ 30s；而呼吸循环系统，需 2 ~ 3min 才能进入最佳的工作状态。准备活动的开展，便是促使内脏器官，特别是心、肺等活动加强，以避免或减轻直接进入运动状态所造成的内脏器官活动暂时的不适应，而导致的心慌、气喘、腹痛、动作失调等不良现象。

最后，预防运动损伤。准备活动与正式的体育运动不同，其主要目的在于拉伸肌肉，提高肌肉韧带的力量和弹性，便于向大的运动强度的过渡。通过准备活动，能够提高肌肉温度，增加关节润滑液的分泌，增加关节的灵活性，对防止运动时肌肉、关节和韧带的损伤有着重要意义。

准备活动可分为两种，即一般性和专门性。首先锻炼者进行一般性准备活动，如走、跑、跳、徒手操等进行锻炼，一段时间后，再根据运动项目的特点和要求，选择相似的运动，模仿练习，此时便进入了专门性的准备活动。

准备活动的开展，首先应根据训练者的实际情况，尤其是体能水平和心理特点，以及环境条件等，综合选择练习方式，以及合理安排练习时间和内容，强度适中，既达到锻炼热身的目的，也不至于消耗过多的能量。

需要注意的是，要合理把握准备活动结束时间与正式训练或比赛时间，间隔适度，以 5 ~ 10min 为宜。

2. 整理活动

伴随运动训练的结束，处于工作高度紧张状态下的人体各器官，并未立即进入松懈状态；相反，人体各机能活动所保持的高水平状态，仍会持续一段时间，在这之后，机体功能才逐渐恢复到运动前的状态。这个过程也被称为恢复过程。而它主要是通过整理活动来完成的。

所谓整理活动，是指在锻炼结束之后，所做的用于缓和处于运动紧绷状态的练习。与准备活动相比，准备活动在于唤醒机体的惰性，促使其从安静状态向运动状态过渡，目的在于提高机体对变化的适应程度。而整理活动，恰恰相反，其目的在于使人体更好地由紧张的运动状态，逐步过渡到相对安静的状态。因为由运动所引起的一系列生理变化，在运动结束时，还需要持续一段时间才能消失，因而，这期间，就需要整理活动的参与，其所发挥的作用如下：

首先，运动结束后所引起的生理上的变化，如肌肉的负荷等，并不会因运动的结束而消退；相反，运动后的肌肉，仍然会处于紧绷的状态，而不会瞬间放松。此时，若没有整理活动的参与，紧绷的肌肉便会在休息期间变得僵硬。而通过整理活动，可以促使肌肉暂时得到放松，有助于消除疲劳。

其次，人体在运动之后，尤其是当运动强度较大的时候，由于能量的巨大消耗，机体各部分将会不同程度缺氧，而运动又会加速新陈代谢，使得代谢过程中产生大量二氧化碳。随着运动的结束，机体呼吸减速并趋于正常，便会抑制二氧化碳排出体外。在整体活动中，可适当做一些深呼吸运动，这样便于将二氧化碳气体排出体外，与此同时，促进气体交换，吸进大量的氧气，以保证人体所需。

再次，剧烈运动之后，若突然停止下来，血液回流受阻，使得血液停留于下肢扩张的血管内，脑部血流供应不足，造成血压降低，脑部缺氧，极易出现暂时性脑贫血等一系列不良的反应，严重时甚至还会发生重力性休克。通过整理活动，选择以慢跑或走的形式，来保证各器官渡过一个适应、缓冲的过程，以便促进下肢的血液回流，保证血液补给。

最后，通过整理活动，适当地选择一些难度、强度以及对身体负荷都不大的运动形式，来缓和机体在运动中的紧张状态，促使机体从紧张状态慢慢地过渡到放松状态，这也是消除疲劳的一种积极措施，对于快速投入新的活动，有着积极的促进作用。

3. 消除疲劳

体育锻炼是一项消耗能量的活动，适当的体育锻炼，能够使人兴奋，改善人的精神状态，使其精神抖擞，精力旺盛。然而，随着运动时间的延长，以及能量的大量消耗，人体便会产生疲劳感。人在疲劳时，组织、器官，甚至整个机体运动能力都会暂时下降。而通过一段时间的休息与调整，人体机能又会因能量的补给，而消除疲劳，并恢复到运动前的状态。人们便是在这种运动—恢复的过程中，周而复始地进行体育锻炼。只要运动不超负荷，便不会使人有过度疲劳之感，因而，也就不会对人的健康造成威胁。

所以，疲劳是伴随体育锻炼所出现的正常现象。造成疲劳的因素是多方面的，主要为体内能量的消耗、能量的补充不及时，以及缺氧、血液酸度增加等。

运动是疲劳产生的原因，疲劳是运动程度及结果的反映。疲劳可作为运动的标志。研究表明，只有出现一定程度的疲劳，才能获得超量恢复的效果。鉴于此，在进行体育锻炼时，要不怕疲劳，按照运动—疲劳—恢复—再运动—再疲劳—再恢复的规律，循序渐进，以提升机体的抗疲劳程度，即机体承受运动负荷的最大限度，这也是增强体质的过程。

但是需要注意的是，凡事过犹不及，只有以循序渐进为准则，才能避免因过度疲劳而损伤机体。如果疲劳产生之后，置之不理，仍坚持超负荷运动，皮质细胞就得不到充分的休息，日积月累，皮质细胞机能失调，就会导致过度疲劳的产生，严重时机体的各种机能也会出现失调现象。

我们都有这样的经历，即运动过后，出现肌肉酸痛的现象，这是疲劳的症状之一，一般对健康影响不大，通过整理活动便可得到一定程度的恢复；但是如果运动量过大，一时不易消除，可参考以下措施缓解：

一是按摩法。按摩能够起到疏通经络，促进血液流通的作用。当出现身体酸痛等疲劳症状时，可进行全身按摩，需要重点对负担量大、肌肉酸痛反应大的部位，进行有针对性的按摩。

二是温水浴法。温水浴可加速血液循环，松弛肌肉，促使身体各部位最大限度地得以放松；与此同时，温水浴也有利于促进营养和废物排出，从而达到减轻疲劳和恢复体力的效果。

三是休息法。休息法是最简单，也是运用最为广泛的方法。休息分为积极性休息和静态休息两种。积极性休息是通过变换活动方式来调节生理功能，如降低运动负荷或强度，或是改变运动方式，以机体能够适应的运动方式为主，从而使疲劳的机体得到休息。而静态性休息是采取非运动的方法，如睡觉等，以消除疲劳。

4. 运动与饮食饮水

运动饮食的内容参照上文"个人卫生"部分。在运动过程中，体能消耗较大，体内新陈代谢加速，出汗较多，故而水分流失大。这就需要及时补充水分。需要格外注意的是，补水固然重要，但只能少量多次，而不能一次饮水过多，以免影响消化功能。正确的补水方法，应是以"量少、次多"为宜。另外，夏天，可适当补充淡盐水。

（四）女子月经期运动卫生与保健

体育锻炼对人体健康的重要性，已被越来越多的人所认识，越来越多的女性也加入了体育锻炼的行列。坚持有规律的、合理的运动，不仅可以促使机体保持旺盛的生机，延缓衰老、抵御疾病的侵袭，还能使人心情舒畅，保持健康的心态面对人生中的挫折。由此可见，体育锻炼对于人生有着多么重要的意义。女性在参与体育锻炼的过程中，由于生理的特殊性，尤为需要注意运动中的保健。

1. 女子的解剖生理特点

在女性的一生中，主要会经历以下六个阶段：新生儿期—幼年期—青春期—成熟期—更年期—绝经期。从生理上来看，男女有着很大的不同，女性需要承担生育等特殊任务。基于这一点，加强女性体育锻炼健康卫生保健，有着特殊的意义。在此之前，需要先了解女性生理特点的特殊性。笔者从形态结构、生理机能以及整个发育过程来看，男女生理特点的差异主要表现为以下方面：

其一，研究表明，女性青春期发育较男性早两年，但是也早两年结束。也就意味着女性比男性早成熟。其二，从骨骼上来看，女性骨骼重量较男子轻10%，骨组织中水分和脂肪的含量比男子多，无机盐含量较少，韧性大，抗弯能力差，关节与韧带弹性好，活动幅度大，肩窄，骨盆较宽，身体重心低。其三，肌肉重量男子占体重的40%～50%，女子占32%～35%，除此之外，女性肌肉松弛，不如男子发达。其四，女性肺活量小，因此心肺机能较男性差，收缩力小，耐久力差。其五，女性从青春发育期开始至绝经期间，一般每月均有一次月经。

2. 女子参加的运动项目与男子的差别分析

鉴于男女生理机能上的差异，在从事体育活动时，大部分男性所从事的运动项目，并不一定适合女性，即使是同一运动项目，在运动负荷上，也无法做到男女一致。否则，不仅影响健康，严重者甚者还会影响生育和遗传。

根据女子的解剖生理特点，适合女性参与的体育锻炼活动，如体操、健美操、舞蹈，以及其他一些常见的球类项目等。女性在参与体育锻炼项目时，尤应注意发展心血管和呼吸系统的机能，发展腰腹部肌肉的力量和弹性，这样既有利于身体健康，又有利于女子生育。

3. 月经特点及卫生保健

由于女性每月都会出现一次生理周期，在生理周期中，参加体育运动，势必会影响运动的效果。但对于生理期间能否进行体育锻炼的问题，需要因人而异，并没有严格的限制。一般来说，能否参加体育运动，取决于运动者的实际情况，即运动程度、能力、身体基础及月经情况等。

通常，月经期间，一部分身体机能会发生改变，以中枢神经系统为代表，在生理期内，其调节功能降低，相应地，使运动能力受到影响，较非经期有所下降；与此同时，对于个别女性来说，生理期还会出现腰腹痛、全身无力或头痛等现象。这些可能是由于内分泌的变化引起的，不一定是病态。如果这些反应不严重，可适当从事一些运动强度不大的体育活动，有利于大脑皮质的兴奋和抑制的平衡，促进血液循环及新陈代谢。与此同时，需要注意的是：其一，运动不宜过于激烈，不能参与震动较大的活动；其二，不宜参加持续性的活动，或是强度大的、对速度有要求的活动，如游泳、长跑、跳跃；其三，不宜参加对抗性较强的运动及各类竞赛。如果身体状态不佳，或是出现月经紊乱，内生殖器官发育不全或有炎症，有明显不适感，流血过多或过少，身体衰弱有病及月经期不稳定等情况，应遵医嘱再决定是否参加体育锻炼。

四、体育教育与心理健康

（一）心理健康概念的界定

随着生活水平的提高以及健康意识的提升，人们才逐渐增加对心理健康问题的关注。心理健康问题是心理学研究的重点，其本身是一个内涵丰富、涉及健康内容较为广泛的一个体系，多层次、多侧面是该结构体系所呈现的特点。人们对心理健康认识的不断深化，与人类对自身认识的不断完善过程有着密不可分的关系，由此，心理健康的概念也逐渐清晰化和明朗化，并走向科学化。相关人员对心理健康问题研究的深度，也在探索中不断拓展。

1. 心理健康的定义

心理健康的问题本是心理学研究的重点，但从哲学上看，心理健康反映的是辩证唯物主义的心神统一在健康观念上的确立。但是，不同的学者，因其所处的社会环境不同，其思想、文化背景，乃至研究问题的出发点、方式方法，都存在因人而异的问题，对于心理健康的内涵的阐述，也就出现了百花齐放的局面。至今，也未达成统一的标准。

健康是一个复杂且呈多面、动态变化的概念，心理健康也是如此。人类文明历史的发展，推动了人类哲学、社会科学、医学等多学科的快速发展，由此，人类在认识水平上已上升到更高的层次，对心理健康也有了更加深入的认识。由于心理健康自身的复杂性，人类在对其展开深入研究的过程中，对内涵的理解便出现了分歧。对于这种分歧，我们不能主观地评判孰是孰非，因为，立足点不同，研究心理健康问题的侧重不同，便会出现多种多样的评判心理健康的标准。"一千个读者便有一千个哈姆雷特"即是如此。

目前较为一致的观点是将心理健康视为一种持续的心理状态，个体在这种状态下，所表现出的是充盈的生命活力、积极的内心体验、良好的社会适应；个体能够有效地发挥自身的身心潜力与积极的社会功能。基于以上观点，可以看出，心理健康的人一般在智力上都是正常的，此外，具有良好的情绪宣泄及控制能力、性格稳定及良好的社会适应行为。

心理健康的人性格开朗，幸福指数高于有心理疾病的人，在日常工作与生活中，精神饱满、朝气蓬勃，工作效率较高。美国心理学家马斯洛曾对心理健康提出十条标准：一是有安全感，没有过度紧张不安与压抑情绪；二是能够对自己做出较为客观的评价，并接受来自他人的评价；三是对生活有着明确及清晰的定位，切合实际；四是没有社交恐惧，也不太过孤僻，保持与现实环境的接触；五是具有完整的人格、自信、自强；六是具备自我学习的能力，能够不断提升；七是人际关系协调；八是情绪适度，且具有可控性；九是适当而合理的个人需求的满足；十是在不违背社会道德规范的前提下，能恰当地使个人的基本需要应得到一定程度的满足。简而言之，心理健康主要体现在智力、情绪、人格及社会适应几方面，即智力水平正常，具备一定的学习能力；情绪稳定，且具有可控制能力；人格健全，意志坚定，具有自信心；能够很好地融入社会与集体，人际关系和谐，具有良好的社会适应能力。

人体由不同的器官组成，只有当各器官功能都处于正常的状态，人体才能够处于健康的水平。对于人体来说，健康往往是一个牵一发而动全身的综合的、动态的、复杂的概念，与体质健康、心理健康既相互影响，也互为制约。心理健康与体质健康，是相互交融的，统一于人这个有机体，任何一方出现问题，都会直接影响另一方的健康。如生理上出现问题，就会对人的心理造成一定的影响，这个影响的大小及严重程度，取决于生理问题的严重性。而心理上出现问题，就会引起身体某一机能的变化，将问题从心理上转化为生理上，造成身体器官功能紊乱，甚至损害、威胁人体健康，也可能引发各种身心疾病。与此同时，当一个人出现心理问题，其社会适应行为就会失常，对社会的适应能力也就会下降，给家人和社会造成最直接的伤害。这种伤害所带来的影响要远远大于对其自身生理机能的影响。因此，心理健康必须引起每一个人的关注和重视。

2. 心理健康的一般标准

社会的发展及人们认识水平的提升，尤其是生物—心理—社会医学模式的建立，推动了心理健康研究的进一步深化。一直以来，学术界对心理问题的研究从未停止，但由于各自研究领域和文化背景不同，在对心理标准的表述上，便出现了不同的版本。综合现有的研究成果，人们对心理健康标准较为认可的表述是：心理健康标准集体体现在认知、情绪、人格、社会适应、意志方面。世界卫生组织对心理健康标准的规定："智力正常；善于协调与控制情绪，心境良好；有较强的意志品质；人际关系和谐；能主动地适应与改善环境；保持人格完整；心理行为符合年龄特征。"

3. 心理健康的测定方法

人的心理是人脑的内部活动，无法通过仪器的测量直观地呈现。对心理健康的测定，只能根据人的具体活动加以推测。通过测量作为心理外部表现特征的行为（如人的言行），间接知道人的心理特征和心理健康水平。一般来说，用于心理测量的方法主要有两种，具体如下：

（1）心理测验法

基于人类对心理健康的研究，人们统计出了可用于衡量健康指标的数值范围，心理测验法便是基于心理健康量表，对个体进行测试，将测验所得结果与量表中的常模数值进行比对，与常模数值相差不大的，便可认为是心理正常；反之，则视为心理异常。

此方法除用于个别检测外，还大量地用于团体测验和心理健康的流行病调查，以便人们对某一人群心理健康分布状况的了解。这是一种运用较为广泛的方法。心理测验的用途很广，在教育工作领域，可以综合测评学生的智能、品德、个性的发展，学习动机和兴趣爱好，便于教师对学生情况的掌握，以针对学生的真实能力与水平，因材施教。此外，心理测验法同样可用于人才选拔和职业指导领域，便于较为客观而真实地掌握人才信息的第一手资料，了解他们的真实状况，有利于实现人职匹配。不同领域的不同职业，同一职业的不同岗位，对人才的要求也各不相同，每一种职业对从业者的心理结构都有一定的要求，心理测验法，是准确、全面了解一个人心理结构的有效方式，操作简单，可靠性也较高。

心理测验法的类型因人而异，根据不同的需求可选择不同的类型，较为常见的主要有以下几种：即智力测验、能力倾向测验、人格测验以及各类职业测验等。

心理测验法是一种相对来说较为科学、可靠的方法，但是对量表的依赖性较大，要想提高测验效果，就需要加强对使用者的培训。需要指出的是，当前有关心理健康量表的使用范围、测定内容有限，因此不适用于对心理素质要求较高的行业。基于此，对心理健康的测量可借助于精神检查法。

（2）精神检查法

作为另一种心理健康评判的方法，精神检查法的存在有其强大的优势。精神检查法的作用，类似于专业的心理咨询机构，主要由具有心理健康专业知识的专业人员组成，他们通过专业知识，帮助分析当事人心理健康问题的性质、类型、程度，并做出心理健康与否的评判。

此方法一般不适合群体性的心理评判，而是针对个别人的需求，进行一对一的心理咨询与指导，帮助和引导他们走出心理阴影，促进健康心理的形成。因而，要求评判人员具有较丰富的专业知识和经验，只有这样，才能保证评判的真实性和准确性。在遇到当事人心理问题模糊，或是症状不典型、时好时坏时，评判人员更应该以科学的态度，慎重对待，对各项信息认真分析，在此基础上做出决断。

在实际操作中，人的心理是复杂的，因而面对这种模棱两可的情况经常会发生，当遇到难以判断的情形时，为了增加结论的可靠性，可综合运用以上两种方法，或先做心理测验，对不确定项，可再次进行面谈和深入了解；也可先做一般性精神检查，再用适宜的量表做专门评定。

（二）体育教育对学生心理素质健康水平的促进

1. 有助于排解心理压力及延缓衰老

随着社会竞争的日益激烈，当代学校所面临的压力也越来越大，进而影响到学生的心理健康，并对其行为产生相应的影响。相关调查结果显示，在面对巨大压力的时候，有80%的人认为，通过体育运动，能够得到有效的心理放松。压力的缓解和释放，为他们进入新一轮的学习和活动提供了前进的动力；约有65%的学生认为，养成持续的运动习惯，不仅可以缓解心理压力，还可以锻炼意志，提升心理承受压力的能力，从而抑制不良心理的形成，有效延缓心理衰老，强化个体的精神世界。

人在体育运动过程中，能量处于不断被消耗—补充—再消耗—再补充的循环，为适应这一个循环的过程，身体各项生理机能会逐渐上升，并根据个体的运动状态保持在一个相对较高的水平。从一定程度上来说，这一过程可视为心理释放过程。随着压力的释放，心情就会变得轻松，身体机能也会相应地达到一个较好的状态。同时超越身体极限，也会不断强化个体意志，给予其更坚定的意志和更强大的动力。

2. 有助于促进社会能力发展及协调人际关系

现代社会所需要的是全面发展的综合型实用人才，没有良好的人际关系和社会适应，也便失去了立足社会的根本，也就更谈不上为现代化做贡献，其价值便被湮没了。因此，社会能力和人际关系是不可或缺的能力。良好人际关系的基础是具有人际交往意识，且积极融入集体，掌握一定的交流技巧。体育运动不是封闭的活动，是大众参与的活动，多数体育运动需要与队员及对手进行交流，尤其是对于大型团体运动项目，更是需要团队在交流与合作中，默契配合，才能赢得团队的胜利。根据这一特点，体育运动为社会适应及人际协调提供了条件。相关调查结果显示，约有 60% 的学生对体育运动对人际关系的促进作用持肯定态度。另外，约有 55% 的学生认为参与体育运动，对于提高社交能力具有较大的帮助。

3. 有助于磨炼意志及培养自信

体育运动，是一项集技术性与趣味性于一体的运动项目。因此，任何项目的体育活动，都具有一定的难度和强度。学生体育锻炼的过程，便是不断挑战自我与提升能力的过程。在这一过程中，学生的意志力和自信心都将得到刺激，并随着运动的持续，不断得到锻炼和增强。

调查结果显示，约有 70% 的学生认为通过参与体育运动，尤其是参与比赛性质的体育活动，更能够获得成就感，进而自信心得到增强；约有 65% 的学生认为体育运动对磨炼自身意志有帮助。这一点可从体育运动难度和强度上得以体现，此外还体现在对某一运动项目坚持的时间上。无论是建立自信心还是磨炼意志，都不是一蹴而就的，而是需要长期的坚持，只有这样形成的自信和意志，才更为牢固，更难能可贵。

4. 有助于促进学生个体心理调节

人的一生中，总会经历各种情绪变化，甚至消极的情绪。这些都是不可避免的，而我们要做的，就是掌握科学的方法，对不良情绪加以调节。及时对情绪加以干预，运用正确的方法将不良情绪排解掉，就不会影响到我们的心理健康。因此，掌握一定的心理调节方法尤为必要。

相关调查结果显示，约有 70% 的学生认为，参与体育运动是一种有效的调节方式；约有 50% 的学生认为，参与体育运动具有健全人格的重要作用。任何一项体育活动，都有相应的运动要求，即目的性，例如长跑为了速度、篮球是为了进球等。这些目标虽然片面，但是当运动者进入这些项目，其注意力主要集中在目的上，就会暂时忘记不良的心理情绪。通过运动，获得对自己新的评价和认识。参与体育运动，可促进学生自我个性的成熟发展。

第 ② 章　　小学体育与健康教学方式

第一节　体育与健康教学特点

教学对学生来说是一种认识活动，教学活动服从人类认识的一般规律，也就是哲学认识论所揭示的各种教学规律。认识是人脑的反映，是从感性到理性，再由理性到实践的过程。从根本上说，教学活动都要受到这样一些认识规律的制约。但是，教学又不是简单地服从一般认识规律，作为人类认识活动的一种，教学活动是一种特殊的认识活动，具有自己的特殊性。尽管人们对于教学活动的本质存在不同看法，但是在长期的教学发展历史过程中，人们通过实践和研究逐渐发现教学活动中的本质和规律。

体育与健康教学的特点如下：

其一，身体直接参与。学生直接从事各种身体练习、进行运动学习是体育教学的主要特点。一般的教学过程主要通过学生的思维活动来掌握必要的知识、技能，培养能力，形成正确的态度、情感、价值观。体育教学过程主要是运动性认知，是通过身体练习，将身体活动与思维活动有机结合，掌握体育知识、技能，培养能力，形成正确的态度、情感、价值观。在实现体育目标的过程中，注意学生在身体方面的差异，合理确定教学目标、选择教学内容、安排运动负荷。

其二，体力与智力活动相结合。在体育教学过程中，学生在从事各种身体练习时，需要学生具有一定的体能水平，学生的身体活动过程是人的思维、情感、意志等活动的外显。各种身体练习、运动活动的完成是身体活动与智力、情感、意志活动相结合、相统一的过程与结果。在身体练习的过程中，体力活动与智力、情感、意志活动紧密结合，融为一体，形成身体思维，所以体育教学过程不仅发展学生的体能，而且也促进了学生的思维活动。

其三，身体承受适宜的运动负荷。学生承受适宜的运动负荷是体育教学的重要特征。在进行各种身体练习的过程中，机体各器官系统，尤其是运动系统、神经系统、心血管系统等积极参与活动，学生的身体承受着一定的运动负荷。由于运动负荷的作用，学生的新陈代谢活动加快，能量消耗增加，身体的疲劳也随之产生。运动刺激的大小与过程直接影响学生承受生理负荷的大小与过程。能否正确地安排适宜的运动负荷，不仅影响学生学习掌握体育知识技能的效果，而且对于学生的健康也有直接的影响。

由此可见，身体活动是小学体育教学中的本质特征，它是体育区别于德育、智育、美育等其他学科的根本标志。体育教学的基本特征体现了整体性、独特性、多面性及动力性，"以身体活动为主"是体育与其他知识传授类不同区别的最大特征。由于是以身体活动为主，因此必须注重运动项目内容与教学方法，有效促进体育教学质量的提高。在体育教学中，注重发展学生个性，利用学生个性发展的特点和规律，展开个性化教学，有效地提高体育教学的效率，使学生的个性逐渐完善，促进小学体育教育的改革。

第二节 体育与健康教学过程

体育与健康教学过程是体育教学活动的核心问题，是组织体育教学的理论依据。科学分析、认识体育教学过程及其构成因素，无论是对体育教学理论的发展还是对体育教学实践的指导都具有十分重要的意义。本节通过对体育教学过程的实质、特点及其基本要素进行分析，目的是清晰地认识和把握体育教学过程，进而通过对体育教学过程的改善提高体育教学效果。

一、体育与健康教学过程的实质

体育教学过程指体育教学的实施过程成为达到体育教学目标所进行的体育教学的程序。体育教学过程的实质是体育教学过程中各种现象内在的、共同的属性和特征，它决定着体育教学过程的存在，推动着体育教学过程的发展。对于这一问题，体育教学理论界长期以来进行了许多有益的探讨，归纳起来主要有下列几种观点：

（1）认识—发展说，该观点认为体育教学过程是促进学生全面发展的过程。这种观点源于格·依·库库什金《体育教育理论》，他认为：体育教育中的教学目的，在于全面发展受教育者的体能，用一定的知识、技巧与技能武装他们。……教学是全面发展受教育者身体能力的统一过程。科里亚科索夫斯基在其主编的《体育理论》中指出：教学过程的目的在于以系统的科学知识、运动技能和技巧武装学生，在于发展学生的身体素质和能力，并培养符合共产主义道德原则的行为。"在运动技能和技巧的教学过程中，各种身体素质以及意志和性格都可有计划地得到发展。由此可见，教学不仅是指导学生掌握知识、技能和技巧的过程，而且也是引导他们全面发展的过程。"1963年我国出版的《体育理论》教材又做了进一步的概括：体育教学过程是一个从不知到知、从不完全知到完全知的认识过程，是发展身体、掌握和提高运动技术的过程，也是发展身体、掌握和提高运动技术的过程。

（2）认识—多质说，该观点认为体育教学过程是一个认识过程，又是一个多目标、多层次、多形式、多序列的过程。我国学者刘清黎在其《体育教育学》中指出：从认识论角度看，体育教学过程是一种特殊的认识过程；从结构论角度看，体育教学过程是在传授体育知识技术发展体力的基础上最大限度地培养能力，发展学生智能和体能的多层次的动态变化过程；从控制论和信息论角度看，体育教学过程则是教与学之间信息传递和反馈的控制过程；从教育心理学看，体育教学过程是以学生认知为基础的全面心理活动过程和以能力为核心的个性心理统一培养、塑造和发展过程；从运动生理和生物化学角度看，体育教学过程又是遵循人体机能活动变化的规律和人体运动适应规律，发展学生的体能过程；从社会学角度看，体育教学还是对学生进行思想品德教育，完善学生个性的社会性教育过程。

（三）双边活动说，该观点认为体育教学过程是教师的教和学生的学的双边活动的过程。王伯英、曲宗湖在《体育教学论》中指出："体育教学过程是教师根据社会的需要和学生身心发展的特点，有组织、有计划地指导学生主动积极地学习体育知识、掌握技术和锻炼身体的双边活动的过程。"吴锦毅、李祥在《学校体育学》中指出："体育教学过程是指体育教学实施、运行的时空连续过程。它是由教师的'知'内化为学生的'知'，由知识转化为能力并形成良好品德的过程。"

从上述对体育教学过程的认识可以看出，研究者认识这一问题的角度是不同的：有的是从教师的角度，有的是从学生的角度，有的是从教学的角度；有的是从一个侧面去概括，有的从整体去概括；有的着力于教学过程的归属的分析，有的着力于教学过程的功能的分析等。

体育教学过程的本质是指体育教学过程所固有的，由其内在矛盾的特殊性所规定的，是体育教学过程与其他学科教学过程区别开来的根本属性。所以对于体育教学过程的认识应从多方面把握，从多元化的角度来进行探讨，体现体育教学的身体实践的特点，这样体育教学过程理论才能真正指导体育教学实践。基于以上认识，我们认为：所谓体育教学过程是在充分发挥教师主导作用的基础上，学生积极主动地以身体练习为主要内容，掌握体育保健基本知识与技能，为终身体育打好基础，全面发展能力、个性的一个认识和实践的过程。

二、体育与健康教学过程的特征表现

特征就是一个事物特有的矛盾。教学过程的特征是体育教学过程本质的具体体现，研究体育教学过程的特征，有利于加深对体育教学过程本质的理解，并可为揭示体育教学过程规律提供依据。一般认为，体育与健康教学过程具有以下特征：

（1）运动实践性。体育与健康教学过程是教师指导学生进行运动实践活动的过程，运动实践性就成为体育与健康教学过程的一个重要特点，具体表现在：实践的目的具有特殊性，即为了使学生掌握体育知识、技术技能，培养运动能力；实践环境具有特殊性，即在富有开放性的特定环境中，在教师的组织指导下，根据体育教学目标的要求而有计划、有步骤进行；实践方式具有特殊性，即体育与健康教学过程总是与学生的身体活动相伴随，通过感知、模仿、练习促进学生身心和谐发展。

（2）社会交往性。体育与健康教学过程是教师的教和学生的学双边活动的过程，学生要从事各种身体练习和活动，既需要教师的指导，又需要学生之间的相互合作、相互帮助、相互评价，客观上要求进行多方面的交流。如果说，在其他学科的教学中主要是师生交往，而在体育与健康教学过程中学生之间的交往则占有相当的地位。因此，曾把体育教学过程中的人际关系称之为"课堂小社会"，即社会的浓缩体。体育与健康教学过程中的人际关系、交往是社会性和生活性的体现，交往可以分为教师与学生、学生与学生、学生与集体等方面的交往，在这个交往的基础上，体育教学才得以展开。

（3）过程动态性。体育与健康教学过程在其动力机制的作用下维持着自身的发展，它是一个从教学目标为起点到教学评价为终点的过程。在体育教学过程中其动态性表现在两方面：其一，组成体育教学过程的因素是相互联系、相互作用的，并不是由一系列有时间顺序的、相互区别的、固定不变的教学阶段组成的，而是处于一种不断变化却有规律可循的运动过程；其二，体育教学内容主要是以经过选择的身体练习为主的，教学过程是以运动实践为主促进学生身心发展的过程。所以，在体育与健康教学过程中要以动态发展的观点来分析和解决教学中出现的问题。

（4）组织复杂性。体育教学是与学生的身心发展的基础水平直接联系的，而学生的身心发展的基础水平又客观地存在着个体差异，在体育教学过程中不仅要考虑男女学生性别上的差异，还要考虑到不同学生的个体差异，采取不同的组织形式和方法区别对待，以适应和满足学生的需要。体育与健康教学过程中，学生多处在不断变化、多种形式的运动中，加之教学易受气候和周围环境的干扰，因而教学中的组织管理工作相当复杂，要精心设计、认真组织，组织形式、教学步骤、教学手段具有较多的应变性。从某种意义上说，良好的教学组织工作与措施是达到体育教学目标的根本保证。

（5）运动负荷适宜性。体育与健康教学过程中，由于学生从事各种身体练习，身体各器官系统（尤其是神经系统、运动系统、心血管系统、呼吸系统等）积极参与活动，提高有机体的机能活动能力。所以，学生身体要承受适宜的生理负荷，并因此而产生身体的疲劳，加速机体的新陈代谢活动。这一点也正是学生在体育教学中能促进身体发展，增进健康的生物学依据，即只有使机体适应一定生理心理负荷的刺激过程，不断地经过适度的超量负荷锻炼，才能有效地发展体育教学过程中运动负荷的理论与实践问题。

第三节　体育与健康教学策略

体育教学策略是为了完成特定的教学任务，教师根据所预想的教学环境和条件设计体育教学过程、教学方法以及根据实际发生的教学情境调整教学程序和方法的思想和方略。这表明，教学策略是超脱具体教学方法设计的思想和方略，它的工作体现在教学过程和方法的设计和调控上，是具有思想性和理论性、技术性和操作性、综合性和系统性、特定性和专指性、变更性和调控性、层次性和递进性等基础特征的。

一、对体育教学策略研究的必要性

（一）推进体育新课程改革的需要

新课程改革以来，虽然带动了一大批理论研究和实践探索，也推动了广大一线教师参与改革的热潮。但在过去的十年间，学生体质状况、身体素质还是有呈下降趋势，这是一个不争的事实；一线教师在课改中遇到了很多问题和难题，感到了从未有过的迷茫与困惑。一些脱离体育课程性质的课堂教学、淡化技术学习的教学策略、纯游戏性的教学策略等时有出现，这些都严重干扰了新的体育课程改革。因此，研究和开发新的体育教学策略，有利于促进教师对新课程理念在理论与实践层面的理解与快速相结合，有利于教师重新对体育课程性质的理解，使课程改革的实施与课堂教学实践少走弯路并得以健康的、可持续的发展。

（二）提高体育课堂教学质量，实现有效教学的需要

新课程改革的目标是不断地提高课堂教学质量，实现有效教学。从实践上看，良好的体育教学策略便于大家更好地理解、掌握和运用教学方法、教学规律和教学原则。随着教育研究的发展，对体育教学领域的研究已从一般教学模式、各项目技术练习方法、各教学组织形式等，向生理生化、社会学、人文学、统计学范围延伸，对体育教学的研究方法也由传统的科研方法向质性的研究发展。体育教学策略的研究是联系体育教学理论与实践的重要桥梁和枢纽，是实现有效教学的捷径。因此，对以系统决策活动和动态过程为指导思想的容纳多学科理论的体育教学策略的研究尤为重要。

（三）新课改对体育学科理论的发展提出了更高的要求

随着人们对体育教学理论研究的不断深入，体育教学理论与其他学科知识在不断交融，使得体育教学理论的研究内容更丰富，研究设计更细化、分类更科学、成果更系统，这些理论也与体育课程设计、体育教育目标、教学策略、教材、教法、学法之间的理论产生了更多的交互影响，对帮助教师们从整体上更加综合地去认识、理解和研究体育教学的本质和规律，解决教学过程中遇到的问题和困惑，深入具体地开展体育教学研究、提高教学理论水平和激发更高的研究热情有很大的推动作用。

二、体育教学策略的实践与应用

追求体育教学的实效性是体育教学的核心目标，而要保证教学目标的实现，教师必须掌握相关的教学策略，协调体育教学中各要素之间的关系。然而，教师在实际的教学操作中，为达到有效的教学，在创造性选用教学方法、教学手段时都会受到自身的教学情感思想、教学态度、教学价值观的影响。众所周知，影响体育教学过程顺利进行、影响教师对体育教学的设计、教学内容遴选和教学方法的选择、教学原则贯彻与教学规律遵循的最主要因素是如何理解体育教学为什么教和教什么的问题。因此，就体育教学策略而言，可以

分为宏观策略、中观策略和微观策略。其中宏观层面主要阐述"为什么教"和"教什么"，中观层面主要是阐述"教多少"和"教会多少"，微观层面主要是阐述"用什么教"和"怎么教"，这三个层面将以一个递进的形式形成体育学科的教学策略。

（一）"教学目标与教材内容设定"策略

对于体育课程教学目标与教材内容的设定问题，其实就是"为什么教"和"教什么"的问题，也是每个学科课程都应该首先考虑和确定的问题。体育作为一个来源复杂渗透有多种文化的结合体，不同的国家、不同的历史时期，它的价值与功能都有所不同。体育学科中蕴含多功能，不同人群在参与体育运动时，对参与运动的价值观各有不同，如健身、娱乐、磨炼意志、交友、掌握技能和技巧等，这些不同的需求与不同期待都来源于每个人对体育的理解，这也使得体育学科在不同的国家、不同的历史时期和不同的体制下的目标会有差异性。主要表现在：劳动卫国和劳动能力提高的；获得运动的理论、理解运动中的力学原理，促进协调生长发育、身心两健的发展，形成完整的人格等方面。

而我国在实施《体育（与健康）课程标准》以后，课程价值变成了增进身体健康、提高心理健康水平、增强社会适应能力、获得体育与健康知识和技能。课程目标也相应做出调整，变成了"通过体育与健康课程的学习，学生将……"以目标和标准为主的课程标准。新课程对体育学科也提出自己的"三维目标的统一"的观点：知识技能、过程方法、情感态度价值观。教师不再是只用教材，而是用教材教；教师选用的教材不仅要结合体育学科的特点，还要结合学生年龄阶段的特征处理教材。因此，体育教学在设定目标和选择内容时就要从体育教学中的目标必须是课程目标中规定的多项目标中的一个选定，体育教学目标一定是学生通过努力所能实现的目标，体育教学目标一定是在体育教学过程中所能达成的效果三方面去考虑；同时还要根据不同的学习层次、学校的教学情况、本地区的体育特色等情况选取相应的运动项目，这样才能更好地实现有效教学的目的。

例如，珍珠球、抛绣球、武术，是壮族最常见的，也是学生非常喜欢的、很多教师都能教的项目，且对场地器材要求不高，每年的民族运动会都在开展，实践证明是可行的，而且又很有趣味性，可以把它选为精教类教学内容。高脚马、抢花炮，是壮族学生未来生活中学生可能遇到的，很多农村学校学生都有一定基础的、学校条件也允许的项目，可以选作简教类教学内容。龙舟、射弩等项目虽然没有必要掌握，但它是有必要让学生知道或体验的民族体育项目，因此，可以将这些项目的运动文化和项目的有关知识向学生做简单的介绍或让学生体验，便于学生在今后对该项目的继续学习与欣赏。而对于与精教、简教类教材有关的专项素质练习、身体基本活动能力练习有关的项目，如力量、耐力、速度、灵敏、柔韧等提高身体素质的内容，则可以将它们选作"课课练"的形式分布在各个水平学段。

（二）"教师应教和学生应会"策略

据统计，整个中小学阶段体育课程共有 1260 个学时，然而在这个阶段中，教师应教哪些内容，学生应学会多少体育知识和掌握多少体育技术、提高什么运动技能、增强哪些身体素质等，都是课程改革以后对体育教师提出的新的要求。如果教师对新课程的理念认识不到位，或是有偏差，或是缺乏经验和相应能力，或对该阶段学生"应知应会"的要求不了解，这将导致体育课堂教学效果不明显，教学质量不高。

为了避免体育教学中出现教师教得不深、教得不透的"蜻蜓点水"和学生学得不好"学不会技能"的现象，对各类教材可以根据实际情况以不同的单元形式进行排列。例如，对于精教类的"珍珠球"教材，在建立教学框架时可以以 20 ～ 30 个学时出现，先定出珍珠球的教学目标和基本教学任务，然后进行教材化选择出可以进行教学的基本技术、战术、有关规则、背景知识等，再根据不同的学习水平层次安排各教学内容学时比重，既要考虑它的内容结构、分类，又要考虑它的内容体系；在小学阶段安排 10 ～ 12 个学时，先通过游戏的形式进行学习珍珠球的简单传接球技术（3 ～ 5 学时），体验球感，培养学生的学习兴趣，再通过游戏与简化规则的比赛相结合（6 ～ 8 学时），以学习简单的技术，体验参与珍珠球的乐趣为主；在初中阶段则安排 12 ～ 18 个学时，先以游戏和比赛的形式进行巩固基本传接球和投射技术的学习（5 ～ 8 学时），再慢慢过渡到技术与一般传切球、"以多打少"等简单战术相结合（4 ～ 6 学时），并在技术学习与简单战术的运用中渗透对规则（3 ～ 4 学时）的学习与理解，为继续学习和参加校内比赛打下基础。又如"打竹竿"简教类教材则可以在水平三的六年级或水平四的某个学期以 7 ～ 10 个学时来安排。既要教会学生一些简单的"跳竿""打竿"方法，又要让学生掌握一些动作组合的创编方法和了解相应的文化背景，让学生一次能学会、学好，也为今后从事"打竹竿"活动或娱乐打下良好的基础。对于龙舟、射弩项目来说，虽然不一定要求学生完全掌握或学会，但是，也应该在某个学期对每个项目利用 2 ～ 3 次课时做专门的项目介绍（项目起源、发展、主要技术、锻炼的方法、意义等）和学习体验，有条件的学校还可以让学生亲身感受或尝试练习，加深学生对这类教学内容的了解和认识，便于今后学生的欣赏与深入学习。这样的安排与搭配，既可以使教学内容在选择与安排上做到"有主有次，轻重分明"，也使学生在学习过程中也能做到"既能学得会、学得好，又能会学、学得乐"，从而达到优化教学内容的效果。

（三）"教学方法选用"策略

习惯上很多体育教师把教学方法理解为"怎么教"的问题，在选用教学方法时，对于"用什么教"考虑得并不太多，这也导致教学效果不好或课堂秩序混乱等现象。其实，教学方法在内涵上应该包含着"用什么教"和"怎么教"两层意思。因为不同的运动项目、不同的教材、不同的教学内容在技术要求、动作规范等诸多方面存在差异，其选用的教学方法也不尽相同，所以选用教学方法时，首先考虑"用什么教"，才能考虑"怎么教"。任何一个运动项目在没有进入课堂教学之前，只是一个"素材"，它只有经过教材化以后才能成为"教材"，而"教材"再经过教材化以后才能成为真正的"教学内容"。可见，在选择用什么教的时候，就要从大量的素材中选择适合学生年龄特点、身心发展特征的运动项目并进行分类、加工、整理和编排，使之成为可选教材，这个过程称之为体育教材化。但是，在进行校本教材建设时，遴选教学内容和教材化工作可以由体育教师来完成。

例如，在构建校本教材时，先按照"目标性、科学性、可行性、趣味性、社会性"五个判断标准选出珍珠球项目；再根据学生的接受能力和理解能力对教材中的水区和封锁区的基本技术内容进行加工，对进攻技术、防守技术进行分类，整理并改编进攻、防守、得分区、封锁区的相应的规则和要求，剔除难度大的技术、改编繁杂的战术；然后组织学科组教师共同对教材进行深入的学习与讨论，制定出相应的教材纲要、单元安排、考核评价、学时分配、教学（学习）目标；最后各教师在实际教学前根据各学习时段的课时计划制定相应的课时教学目标等。这个教材化过程的执行既要科学严谨，又要考虑学生和学校的因素，并与地方体育特色和社会体育背景相结合，才能使选出的教学内容能够得到学生的认可，为完成"怎么教"创造良好的外部条件。

教学内容确定后，"怎么教"实际上是提高有效教学的关键。教学有法，教无定法，贵在得法，重在创法。"怎么教"包括教学方略、教学技术和教学手段三个主要的层次。教学方略是"上位"层次，通常被理解为教学模式或教学方式，主要在对单元或课的设计中得以体现和运用；教学技术是"中位"层次，即传统意义上的教学方法，主要在课堂教学中得以体现和实施；而教学手段是"下位"层次，通常被理解为教学工具，它是教师教学实践中采用的某种教学手段的行为方式，主要在教学时教学方法的运用中得以体现和应用。

例如，教学中，"传统体育教学方法"，是以"学会"和"锻炼"为主要目标的，即如果教学内容是以帮助学生高效地掌握运动技能和科学地锻炼身体为主要目标的，建议采用程序教学法、掌握教学法和领会教学法；如果教学内容是以帮助学生发展学习能力为主的，建议采用发现教学法、问题教学法、案例教学法等；如果教学内容是以培养学生心理品质为主的，建议采用游戏教学法、比赛教学法、情境教学法；如果教学内容是以培养团结协作为主要目标的，建议采用小群体教学法和运动教育教学法。

而"现代体育教学方法"是以"学懂"和"学乐"为主要目标的，即以帮助学生更好地进行集体性思考和提高教学的探究性与创造性，更好地发扬教学民主为主要目标。课堂上更加突出学生在教学活动中的主体地位，教学活动不再是教师单方面灌输和学生被动接受，而是在教师引导下的学生主动学习，教学双方形成积极有效的互动，学生的学习方法对于教学质量同样有重要的影响。因此，常用的方法有：自主学习法、合作学习法、探究学习、发现学习法、小群体学习法等。但是不管用什么样的教学方法，作为影响教学活动效果的教学方法应既包括教师教的方法，如讲解法、示范法、演示法、辅导法、答疑法、引导法、反馈法，也包括学生学的方法，如听讲法、观察法、模仿法、练习法、质疑法、讨论法、展示法。因此，只有正确地理解和运用"现代体育教学方法"与"传统体育教学方法"才能使体育教学走入良性发展的轨道、学生进入"学会—兴趣—愿学—会学"的良性循环机制。

围绕提高课堂教学质量，上好每一节课是每位教师的职责与追求。而正确理解与运用好体育的教学策略，是实施课堂教学的起点和抓手，也是进行教学设计与实施教学的基点。

首先，要正确贯彻课程标准的精神，依据体育学科的性质、体育教学的规律，从实际出发组织实施教学，选择、开发和引进的教材应以身体练习为主要手段，对教学内容的选择，要符合学生的身心特点与发展需要，在制定教学目标时要具有导向、激励、发展与评价等功能和具有可操作性。

其次，单元设计内容要"重点突出，主次分明"，教学设计要科学、分段要合理、组织要严密、方法要有效、步骤要清晰，应以运动技能教学和学生的身体锻炼为主线来进行，把运动参与、心理健康与社会适应的目标融入其中。

最后，教学方法上要因材施教，区别对待，重视体育教学运动负荷的安排。既要考虑到充分发挥教师的主导作用，又要确立学生在体育学习中的主体地位，尊重学生的个体差异，正确、有效地运用多种学习方式，做到"因教学目标而异""因教学内容而异""因教学对象而异"，要用尽可能少的时间，帮助学生掌握知识、技能，锻炼的身体，使学生学有所得、学有所乐，都能在自己原有的基础上得到较好的发展，努力提高体育课堂的教学质量。

第四节　体育与健康教学方法

教学总是通过一定的方法进行的，故在体育教学领域，关于体育教学方法的研讨经久不衰。

一、基于三维观建立体育学法的分类体系

（一）基于宏观层对体育学法的分类

（1）依据体育学习效果。先行研究显示，人们在对体育学法评价时，主要采用诸如科学与不科学、效率高与低等方法。人们研究体育学法的目的，主要在于总结好的学法及其学习规律，指导改进不合理的、低效的学法，目标是向着科学、有效等方向发展。因此，对体育学法的分类，若从学法可能产生的结果来看，我们首先可以将学法分为高效学法和低效学法。

（2）依据体育教材类型。本书按照毛振明教授《体育教学论》中的四类教材的划分形式，即依据"精学类、简学类、介绍类、锻炼类"对体育学法进行分类。我们可以将体育学法划分为精学类教材的学法、简学类教材的学法、介绍类教材的学法和锻炼类教材的学法。

（3）依据体育教学内容。按照精学、简学、介绍、锻炼四类教材划分以后，每一类教材中又包括有诸多的运动项目，尤其精学类和简学类教材中的运动项目，一般都是由基

本知识、技术、战术与竞赛规则等几部分组成。因此，从体育教学内容这一视角对体育学法进行划分，可以将不同运动项目的学法划分为基础知识学法、基本技术学法、战术学法和竞赛规则学法等。

（4）依据技能难易程度。运动技能有难易程度之分。董文梅博士曾将完整技能和分立技能按照"会能度"划分为"会与不会有明显区别（会能度0.2～0.49）、中间型（会能度0.5～0.79）和会与不会无明显区别（会能度0.8～1.0）三种类型的运动技能"。基于此，我们也可以将体育学法按照运动技能的难易程度，从宏观上划分为会与不会有明显区别运动技能的学法、会与不会无明显区别运动技能的学法和中间型运动技能的学法。

（5）依据项目技术构成。从运动项目的技术构成分析，可以将其划分为单个技术（包括连贯组合技术）的项目、不连贯组合技术的项目和连贯成套技术的项目。由此，当我们依据运动项目的技术构成对体育学法进行划分时，可以大致将体育学法划分为单个技术的学法、不连贯组合技术的学法和连贯成套技术的学法。

（6）依据技能形成过程。运动技能的形成具有一定规律，其整个技能形成过程，根据体育课堂教学的特点，本研究尝试性地将运动技能划分为认知、联结、前自动化和自动化四个连续的阶段。因此，笔者粗略地按照体育教学中运动技能的形成过程，将体育学法大致划分为认知阶段的学法、联结阶段的学法、前自动化阶段的学法和自动化阶段的学法。

（7）依据体育学习方式。对体育学法类别的划分，若从学习环节来看，学习既包括学的过程也包括习（即练）的过程，因此，我们可以依据不同的学习方式对体育学法进行综合分类，即划分为以学为主的学法和以练为主的学法。

（二）基于中观层对体育学法的分类

进入中观层后，学生的体育学法都将表现在相对具体的学习环节上。本文根据体育学科的特点，并结合专家访谈和问卷调查，已经初步将体育教学中的体育学习确定为听讲、观察、模仿、练习、提问、讨论、展示七个主要环节。基于此，可以将中观层的学法划分为听讲法、观察法、模仿法、练习法、提问法、讨论法、展示法七大主要类别。这一层面的学法具有一定的可操作性，但还隐含难以观察到的部分，即在体育教学场景中，当教师在做示范时，不同的学生可能观察的方略各不相同……由此，我们要进一步揭示体育学法的本质，还需要将中观层的学法进一步细化，从微观层面认识学生的学习方略。

（三）基于微观层对体育学法的分类

对于微观层，我们又可以将其称为"方略层"。如图2-1所示，从微观层来看，根据学生的学习经验、学习习惯、学习兴趣等可能会采取不同的学习方略。但这些不同类型的学习方略，仅仅是不同的方略名称，实际的方略即该方略是如何操作或表达的，还需要对其进一步描述。

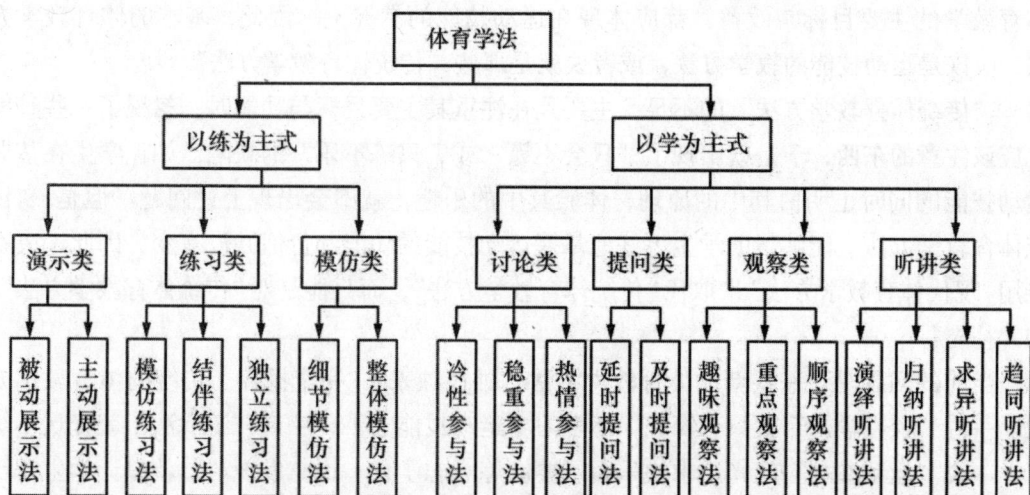

图 2-1　体育学法多层次分类学法

趋同听讲法：在听讲时顺从着听，或称为正着听、正着想，很少提出质疑。

求异听讲法：在听讲时不断提出质疑，甚至对教师提出挑战，认为教师讲得不正确或有其他解释方法。

顺序观察法：按照教师示范的顺序观察，最终达到观察整体的结果，而并不是仅对某一局部的观察。

重点观察法：在教师示范时，只观察重点环节，如观察投篮时的球出手动作或打板技术等。

模仿练习法：模拟、仿效教师或同伴的动作一起练习，相当于依样葫芦的练习形式。

二、"传统体育教学方法"与"现代体育教学方法"

"传统体育教学方法"是以"学会"和"锻炼"为主要目标的，即以帮助学生高效地掌握运动技能和科学地锻炼身体为主要目标的。其主要功能是强化动作记忆、增加运动负荷、保证运动安全、排除干扰、适应班级教学条件等。常用的方法主要有分解教学法、重复练习法、讲解示范法、保护与帮助法、循环练习法等。而"现代体育教学方法"是以"学懂"和"学乐"为主要目标的，即以帮助学生更好地进行集体性思考和提高教学的探究性与创造性，更好地发扬教学民主为主要目标的。其主要功能是强化探究意识、增进学生相互交流、促进学生的理解、利用各种教育因素、适应学生的个性化学习等。常用的方法有自主学习法、合作学习法、探究学习、发现学习法、小群体学习法等。

（一）基本的体育教学方法

体育教学的主要目标应该是：通过运动技能的学习和掌握，使学生的身体得到锻炼和学会锻炼身体。据此，传授运动技能应是体育教学的主要内容，是体育教学的主要载体，体育教学的主要目标与效益，都应体现在运动技能的掌握上。因此，基本的体育教学方法，应该是运动技能的教学方法，或者说就是那些"传统体育教学方法"。

"传统体育教学方法"的不足，主要是在注重其主要目标与功能时，忽视了一些其他也应该注意的东西，于是就出现了"只会不懂"或"只练不乐"的缺陷。如让学生在掌握运动技能的同时也明白其中的原理，体验其中的乐趣，就不会出现上述问题。但是，"传统体育教学方法"能够帮助学生更好地掌握运动技能的功能和价值并没有变。因此，决不能用"现代体育教学方法"来取代"传统体育教学方法"，而只能是对"传统体育教学方法"的"补充"……

当前的问题是：一些新的体育教学方法"独往独来"，完全抛弃了传统的体育教学方法。一说"探究学习"就只"探究"不学习（运动技能）了，一说"游戏法"就光玩不练了，一说"运动参与"就光追求快乐而不要磨炼意志了，一说"发现法"就只让学生自己去"发现"而不需要教师"传授"了。如果长此下去，体育课将不成为体育课，新的体育教学方法也将成为无源之水、无本之木了。

因此，我们要正确地理解"现代体育教学方法"与"传统体育教学方法"之间的关系。摆正主次，改变"非此即彼"的片面认识。

（二）正确对待"现代体育教学方法"

第一，要明确目的。现代教学方法一般是以"发扬教学民主，着重培养学生的能力、陶冶学生的情感和促进学生人际交往和社会性提高"为主要目的的。新的体育教学方法，主要是针对"单纯以运动技术传授为主体的教学方法"的补充和修正。因此，只有理性地去分析为什么要改，应该改什么，我们才可能知道今天应该怎样去选用体育教学方法。

第二，要明确教学对象。我们所说的体育教学方法是一个大概念，是面对所有学生来说的。在具体运用某一个教学方法时，却是一个具体的概念，是面对具体学生的。因此，我们在评价和运用某一个教学方法之前，必须考虑它以哪个年级的学生为教学对象。因为同一教法面对不同的学生时，就会有不同的评价，用错了对象，好的教法也会变得不好。

第三，要明确所适用的教材。对不同体育教材的教学，有其相适应的，甚至是相对应的教学方法，并不是什么方法都可以运用。例如，"探究性教学法"和"发现式教学法"就比较适用于有一定深度、原理性比较强的教材，而不适用于那些浅显的介绍性和锻炼性教材，"领会教学法"和"完整教学法"主要适用于某些球类教材。如果我们在运用教学方法时不充分考虑教材的特性，那就难以收到好的教学效果。

第四，要明确运用时的限制。任何教学方法的运用都不是毫无限制的，再好的教学方法也不能滥用。例如，游戏教学法在活跃教学气氛、激发学生的学习兴趣、帮助学生体验教材的乐趣等方面有其特殊的作用，是体育教师常用的教学方法。但是，就是这个好方法如果使用无度，整堂课都做游戏，效果也不见得就好，甚至可能会使体育课变得主次颠倒，喧宾夺主。

第三章 小学体育与健康教学模式

第一节 有效体育教学行为

教学常被喻为一门艺术，如果成立，那么体育教学可以认为是一门生动活泼的教学艺术。但要使体育课堂教学生动活泼又有效果，教师对基本的教学目标、教学过程、教学方法和教学内容必须有一个深入、独特的理解与认识，并能根据教学的实际发展进行灵活掌控，才能取得较好的效果。而体育教学是以教师、学生、教材、场地器材和教学环境五个主要因素构成，缺一则无法开展有效教学。而其中的五个因素又以教师的因素最为重要，教师的教学行为决定教学的效果。

一、创设教学氛围

体育教师在课堂中的教学行为无外乎教学气氛创设，教学内容安排，指导讲解示范，必要课堂管理和教学反馈这五个主要方面。教学氛围的创设是一个很重要的教学环节，虽然很难用语言表达，但潜意识中却透露出一位教师的教学艺术水平。

第一，保持积极微笑。特别是上课初始与学生见面打招呼的时候一定要保持微笑，给学生一个积极、向上的影响，给一堂体育课确定良好的教学基调；其次，在教学的过程中要积极鼓励学生，尽量少用责备口气，当学生有良好表现、顺利完成动作时要给予及时反馈，用一个肯定的眼神，拍一下肩膀，点头认可等细微动作都可以为学生持续参与提供动力。

第二，明确学习方向，练习秩序井然。引导正确的学习方向，排除一切干扰，使练习的秩序井然。有些时候，由于练习工作的重复，学生难免会产生枯燥和乏味，特别是一些体育特长生会"浮出水面"，表现出满不在乎的样子，从而干扰大部分学生的学练，这时教师要及时调整学习目标，提供清晰的发展方向，最好采取分层教学，以利于大部分学生集中注意力练习。

第三，师生共同参与活动。教师要积极参与到学生的活动中去，如在让女生跳橡皮筋时，女生有时会主动邀请教师参与，还会教你各种跳的方法，教师参与其中会带来意想不到的效果，其笨拙的跳法和不协调的步法会让大家忍俊不禁，既融洽了学练氛围，带来更多的互动和交流，又增进了师生之间的感情。

二、安排教学内容

一是确定难易适中的教学内容。目前，让基层教学教师较为头痛的是，教材内容的选择，内容该教到什么程度，以及用什么样的方式、标准来评价，这些问题的不确定会导致有的教师直到上课前的几分钟才决定这堂课上什么，这就带来整体教学的无序性。优秀的体育教师则会对自己的教材进行难度的分析，并确定学年计划、学期计划和单元计划，再确定课时计划，确定难度适宜的内容来传授给学生，比如排球的垫球，两人一组对垫，连续完成 10 个回合，不落地，给每个层次的学生定数量，完成目标后再给学生定更高的数量指标，也可以增加难度，一名学生固定，另一位学生左右移动。

二是教师充分掌控主教材的教学步骤。现在有的年轻教师拿到一个教材不知道怎么教，步骤该如何设计，辅助方法又该如何设计都成了难题，因为没有参考借鉴的资料。这一点如果做得不充分，教学执行会受到阻挠。一位优秀教师在上课之前肯定会将本堂课的主要教学步骤，特别是主教材的教学步骤会在脑子里清晰地"过电影"，这样第一步做完，第二步能自然呈现，辅助方法也会随之跟进。比如，鱼跃前滚翻的分解教学步骤，第一步解决蹬地和摆臂的配合，结合辅助方法是游泳运动员起始动作，进行蛙跳；第二步摆臂蹬地上高台（海绵包）；第三步解决支撑后的滚翻，可以结合高处、低处滚动；第四步是尝试远撑前滚翻；第五步是保护帮助下的鱼跃前滚翻；第六步是设置障碍提高动作的标准和难度。教师要细心观察学生的学练情况，了解每个步骤中的练习质量，并进行辅助措施跟进和分层难度递进；最后，在掌握学生学习动机和状况的前提下，适时地进行评价，提出每个步骤练习的方向和标准。

三、指导讲解与教学示范

首先，提倡"精讲多练"，给学生更多的练习时间。讲解和示范是体育教师有别于其他教师的重要一面，特别是动作示范，这是体育教师专业的标志，一堂课下来如果没有教师的示范将是一堂不完美的课。讲解示范的时间是有限的，因此，讲解时要注意语言简洁、易懂、清晰、明了，要符合"精讲多练"原则，示范和讲解最好结合在一起，这样对学生是多感官的刺激，有利于快速建立动作表象。一位高效的体育教师要对自己的讲解进行不断的概括和提炼，形成通俗易懂的口诀，讲解起来朗朗上口，做起来突出要领指导，并在实践中要严格地"掐时间"，对时间要逐渐"克扣"，从而有更多的时间还给学生学练。

其次，提供正确的示范。提供正确的示范，呈现生动的信息对于学生学练积极性的激发有着很重要的意义。体育教师的专业性主要体现在动作示范，因此，在教学中正确、潇洒、完美的动作示范对于教学成功起到极其重要的作用。

再次，巡回指导要注意解决问题，而不是流于形式。教师要选择合理的观察位置，不断地进行针对性的巡回指导，特别是一些学习遇到困难的学生，要为其提供动作错误原因的及时反馈，并提出解决问题的要点，且提供足够的时间，确保学生能认识动作错误发生的机理和解决难点的方法。一般教师为了使更多的学生得到个别指导，会在某一指导点上草草过场，一则学生没有真正搞懂，另有学生也不便开口在此寻求帮助，本身教师来纠正错误对他们的心理造成一定的压力。因此，教师在进行个别指导时要做到细心、耐心，并结合典型错误，将犯同一类错误的学生集中在一起进行辅导，直到突破难点为止。

最后，善于与学生交流，掌握学生的注意点。善用互动式交流，指导与讲解配合学生注意力和理解程度。比如在学习肩肘倒立时，学生出现屈体的错误动作，展髋不够，动作要领上提示应为提臀，但往往学生没有理解提臀的真正动作含义，教师这时就要提示："同学们将你的身体重心往上些，往上走。"这样学生就容易理解，随之带动臀部往上展髋。当学生在学习单杠右腿骑撑左腿前摆跃转体 90° 挺身向下动作时，在左腿摆跃时往往害怕左腿被杠绊住，担心手不能抓住杠，这时教师就要认识学生的注意点在哪里，突出示范摆跃的辅助动作，也可以在低箱上进行辅助的摆腿示范，以克服学生的害怕心理。除此之外，教师在学练中要积极与学生进行沟通，或参与学练，比如在"排头变换练耐久跑"的过程中，教师可以参与其中，体会到学生的运动量，并不断地和学生进行交流，使学生明白变换的位次，而不是跑的圈数，这样的交流可以有效地淡化运动量的概念，转移疲劳注意点。

四、课堂管理规范

第一，建立有效规范，形成默认规则。体育教师要轻松掌控课堂，前提必须是建立有效的课堂常规，没有规矩不成方圆，有效的常规可以约束学生的行为，让学生明白哪些是课堂内不该做的，哪些是必须积极做到的，时间一长便成为大家默认的课堂习惯。集体默认的规则，一旦触犯就会面对舆论压力，学生之间相互监督，教师的管理理念通过规则的形式分散在每个学生心中。

第二，分组轮换顺畅，节省时间。在分组轮换过程中尽量使其顺畅，以节省时间。不要过多地调动队伍、集体集合等，这一环节在以前的教学评价中占据很大的比例，因为它体现教师的统管全局的组织能力。在轮换过程中光是调动队伍的顺畅还不够，还应迅速。例如，在一些公开课中经常发现，调动队伍是用走的形式，那么是否可以用慢跑来代替，告诉排头和骨干目标在某某场地跑步前进即可。

第三，发挥体育骨干的帮教作用。在分组轮换中要充分发挥班级体育骨干的帮教和带头组织作用，教师在教学实践中尝试分组带骨干的模式。比如 A 组学习高低运球时，将 B 组体育骨干若干和 A 组一起学习，特别是男女分组尤为重要，当分组轮换时，这些骨干就发挥"小教师"的作用，能帮助教师在该小组中进行指导和组织。

第四，监管越轨学生。要监管学生的不良行为，基层学校的教学班额一般在 55 人，甚至更多，班级中难免出现一些越轨分子和活跃分子。对这些学生要引起注意，一方面，安排他们做事情，比如课前布置上课的场地器材，课后要收拾器材，并给予适当的欣赏和夸奖，适时利用他们示范、带操、领跑等，让他们在集体中能树立地位；另一方面，教师在课中或课外多和他们参与体育活动，用自己精湛的运动技能折服他们，让他们产生敬畏，树立自己的威信，提高亲和力。

五、及时反馈

（1）反馈成为一种教学习惯。尽可能经常提供反馈，给每个小组、甚至每个学生提供学练反馈信息，课堂中维持一种高度互动的环境，为学生提供各种机会参与练习和比赛，检查学生的表现并做出反馈，这是极其重要的。

（2）及时做出反馈。尽可能快地做出反馈。例如，迅速提出改进意见；投篮手肘关节外展，肘关节必须正对投篮方向，垂直于地面；侧手翻髋关节没有充分打开，接触四点投影点必须成一直线，确定直线投影点，要求"空中一个面，地下一条线"再试一下。教师必须边观察学生的练习边口头进行即时评价，评价等级要分明，动作完成很完美、动作顺利完成、动作基本规范，再需要下功夫等，或者依据动作完成情况打分。

（3）反馈信息要具体。反馈信息要具体，不要笼统。能叫出学生的名字，具体评价学生的表现，不要只是说"干得不错"或"这里不行"。例如，投篮手腕很柔和、放松，现在你需要找拨指出手的感觉，找进球感觉（空心），加强回忆和表象感觉。

（4）反馈信息集中在质量上而不是目的上。反馈信息集中在学生练习表现的质量上，而不是他们的目的或动机上。好的反馈能够表现出教师相信学生的能力，而不是让学生完全自由发挥，教师有效的反馈一般是以"最近发展区"为原则，学生通过努力可以达成的目标。比如，"跑和跳结合得再紧凑些，你完全可以跃过跳箱"；"如果腹部的球不掉下的话，你的团身动作就会做得很好"。教师的口语要带有激励性，在反馈时要告诉学生如何才能做得更好。

（5）逐渐培养学生自我反馈的习惯。教师进行反馈的结果，要使学生学会衡量自己所做动作的过程和结果。逐渐地使学生越来越多地承担自己评价做事的过程及所承担的责任。让学生之间互相鼓励和打分，并相互给出反馈，例如，小组进行投篮比赛时，为同伴加油和指出努力的方向等。

教师是整个教学的引导者，教师的教学行为决定着整堂课的教学效果，对教师的教学行为进行记录、研究、反思变得尤为重要，并具有现实意义。每一位教师应该在上完课后立即进行课堂教学行为的跟踪反思，反省自己的行为是否有效。长此以往，可以提高教师的教学专业水平，更重要的是能提高教学的有效性。

第二节　体育与健康教学模式

一、体育教学模式认知

体育教学模式是在体育基础理论指导下，完成基本体育教学目标的一种教学模型或特定的教学策略组合。它体现在一个教学单元、一节体育课或课中的一个部分。我们认为，体育教学是建立在"双轨制平台"之上，即发展学生的健康体能和掌握运动技术之上的独特的教学过程。学生体质发展，掌握体育文化必须是建立在"双轨制平台"之上，否则不能称之为体育教学，也无从增强学生的体质。"双轨制平台"的基本理论主要是人体发展的适应性规律和运动技能形成规律。

体育教学模式源于体育教学的基本理论与实践，一般教学模式源于一般教学理论与实践。由于一般教学的理论也是指导体育教学的基本理论，因此，体育教学模式的指导理论应被包含于一般教学理论之中。

但是，由于体育教学有其特定的教学目标，体育教学具有一定的生理负荷，学习体育的技能等，室外教学组织的复杂性、生生互动频繁性等特点，因此，体育教学必然有其特殊的、基本的教学模式，即发展体能的教学模式和学习技能的教学模式。体育教学的模式都应该在体育教学的基本教学模式上演化出来，而且必须在这个基础上演化出来。同时与现代教学模式进行有机的"叠加"，从而形成"高级"的体育教学模式。

实际上，依托一个基本理论或一个成熟的教学模式发展出来的教学模式一般称为某一个教学模式的"变式"。"变式"的意思是所依托的基本理论相同，是在原有模式的基础上略加变动或微调而形成的"新"的教学模式。实际上，我们的体育教师所讲的体育教学模式多为"变式"形态的教学模式。当然，"变式"形态的教学模式也是一种发展、一种进步。

二、体育教学模式的分类与选用策略

（一）体育教学模式的分类

体育教学模式呈现多样化的特点是体育教学的指导思想、体育教学目的或目标的侧重点不同、教学条件不同而造成的。但从总体而言，体育教学模式是个整体，无论体育教学模式产生了多大变化，都应从各个角度、各个方位实现各自的功能后，为整体教学总目标服务。这个目标就是通过体育教学活动达到在学生身体健康、心理健康基础上，实现体育学科教学特点，为终身体育培育必须具备的运动技能。因而，我们进行分类时，既要照顾各体育教学模式的目标，又要兼顾体育教学的总体目标。

此外，由于体育教学模式的提法较多而且有一部分没有明确具体的操作程序，因此，我们在进行分类的时候，略去了一些不成熟的体育教学模式，重点对较成熟的体育教学模式进行了如下分类（见图 3-1）：

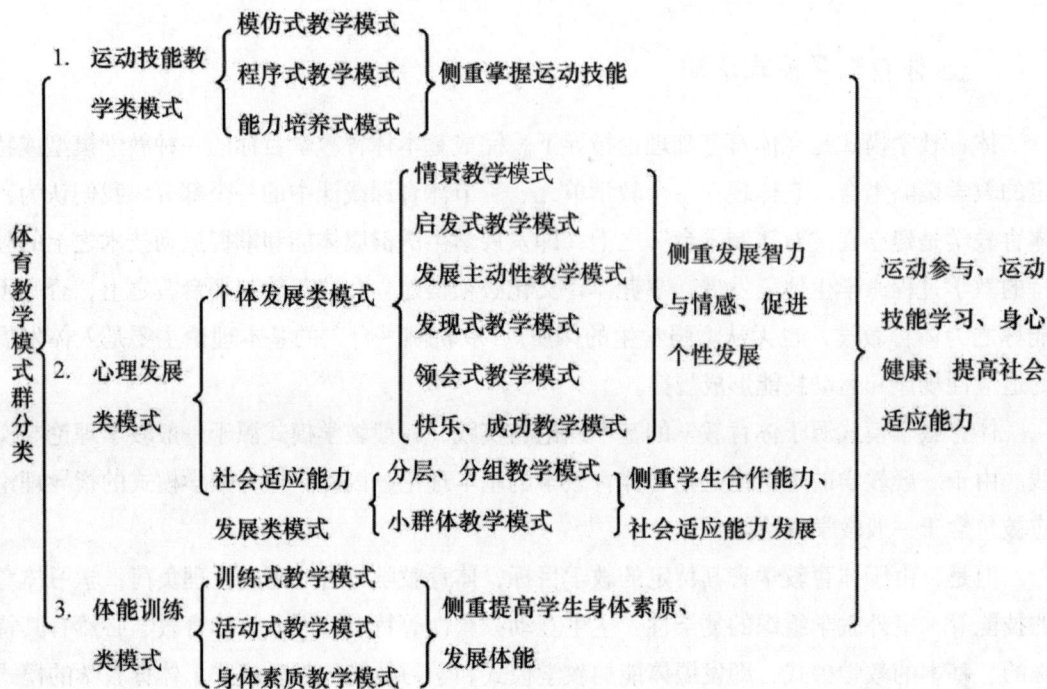

图 3-1　体育教学模式分类

（二）体育教学模式的选用策略

1. 根据不同教材的教学思想来选用

体育教学思想是制定体育教学模式的灵魂，不同的体育教学思想赋予具体教学模式生命力，使教学模式有了明确的方向，并时刻把握正确航线，最终去完成它预期的使命。为了达成某种特定的教学思想，我们需要精选教材内容，但由于教学思想的多元化，教学内容的选用也体现了多样性、复杂性的特点。

2. 根据单元教学不同阶段来选用

在精细教学类内容中，大纲规定了各个项目的学时，以确保各个运动项目单元教学任务的完成，并使学生能熟练掌握几项运动技能。因而"大单元教学"是一个非常重要的概念，它是指根据项目中的不同环节、重点主次安排不同的教学任务、教学步骤、教学方法，以确保各环节的衔接，并顺利完成完整动作的教学。由于在单元教学中，存在掌握技能的不同阶段，因而在教学的不同课次、不同阶段应有主次之分。有了主次，我们在教学模式选择上就有了差别。

3. 根据不同的外部教学条件来选用

体育教学的条件较为复杂，我们把它初步归类为两类：第一类指固定的一些硬件，如各地区、各学校的各种体育器材、设备场馆；第二类是指不固定的硬软件，如各地区、各学校的传统体育项目，现代教学手段与仪器（幻灯、模型、录像、多媒体、课件等）。优选的方法是指各硬件的不同组合形式，即针对具体的教学目标、教学内容，传统项目，合理地选择多种体育场地器材并对场地进行合理的布置，运用多种教学辅助手段如挂图、教具幻灯、模型、多媒体课件等来实现不同的教学目标。

4. 根据教学对象基础条件来选用

教师是教学活动的主导，学生是教学活动的主体，主导与主体因素构成了体育教学活动的主要素，它是教学活动要素中最重要的成分，因而在选用教学模式时，也要考虑到师生的具体情况、具体特点。

第三节　自主学习的教学模式

一、自主学习的教学思想解读

（一）自主学习概述

自主学习，也叫自我调节学习（self-regulated learning），理论上指的是学生自己确定学习目标、选择学习方法、监控学习过程、评价学习结果的学习。由此，我们可以定义体育课中的"自主学习"是：在教师必要的示范、精讲和引导下，学生自定学习目标和练习方法（学生学会针对自己的实际情况，自定最佳的学习目标和自选练习方法），通过自我监控练习过程和及时评价练习结果等方式，最终实现学习目标的学习。它具有能动性、独立性、有效性和相对性等特征。我们还可以进一步说明自主学习和合作学习、探究学习之间的关系。第一，自主学习需要合作与探究；第二，个人从事探究学习本身就是自主学习过程；第三，在合作学习过程中，学习小组的成员都要各司其职，独立完成自己的学习任务，因此，可以说是一种集体的自主学习，意识到这一点很重要。由此可见，在三种新的学习方式中，自主学习是基础，是关键。

（二）让学生进行自主学习的意义体现

自主学习相对应的应该是传授性学习，也就是说自主学习是为了弥补传授性学习的某些不足和缺陷而进行的教学形式。自主学习在当前的意义主要体现在以下几点：

1. 为了加强学习的探究性

传授性学习是教师对学生传授知识的学习过程，因此是教师讲解学生听讲的阶段，这个阶段是教师传授和指导的阶段。而自主学习则不同。它与传授性学习相比，是一个"教师指导的相对空白区"和"学生思考的相对集中时"。此时学生暂时离开教师的直接指导（但此时还有思考作业、探究课题以及多媒体的参考资料等间接的指导），这就为学生的独立思考和自主探究提供了必要性和可能性，学生可在这个阶段去独立自主地探究和思考问题，这种学习不但可以在一定程度上提高体育教学的质量，也为培养学生的学习能力提供了可能，自主学习是探究学习的基本方式方法。

2. 为了加强学生的学习合作性

同理，传授性学习主要是教师面对学生班集体的教学形式，在这种教学形式中，一般是教师一人面对全体学生的形式，是师生合作的教学形式，而生生合作在这种形式下往往受到限制。而自主学习则不同。它与传授性学习相比，是一个"师生关系的相对薄弱时"和"学生之间互动的频繁时"，此时学生暂时离开与教师的直接互动关系（此时与教师是间接的互动关系），这就为学生的互相学习、互相帮助以及互相评价提供了必要性和可能性学生可在这个阶段去开展各种合作性的学习，从而提高体育教学的质量，为培养学生的能力服务，因此，自主学习也是合作性学习的基本方式方法。

3. 为因材施教提供条件

传授性学习主要是一种面对全体学生的教学形式，以统一内容和统一要求为特点。在这种教学形式中，一部分学生的身心特点较难被照顾到，而在自主学习中，它与传授性学习相比有一定的自选性和自控性，这就为学生的个性化提供了一定的可能性，从而有利于因材施教的体育教学的实现。

二、自主学习的条件和程序

（一）自主学习的必要条件

自主学习也不是想要进行就能进行的，它也需要一些基本的条件。本书认为自主学习需要以下必要的条件：

条件之一：自主学习的课题任务与学生的学习能力相符合。自主学习的课题任务不能太难和太容易，课题要与学生的知识储备和学习能力相符合。教师不能布置超越学生学习能力的课题和任务，这会引发学生的学习困难，使自主学习流于形式；教师不能布置很低级的课题和任务，这会导致自主学习的幼稚化，也使自主学习流于形式。

条件之二：教师准备好了学生进行自主学习信息支持。自主学习不能"打无准备之仕"，必须有细致和严谨的教材化工作作为基础。教师要准备好相关的信息和负载这些信息的媒介，当学生在自主学习遇到问题时就可以依靠这些信息来解决学习问题，负载学习信息的媒介有学习卡片、录像带、多媒体课件等。

条件之三：教学的环境能保证学生的安全。教师在学生的自主学习开始之前，必须保证学生学习的环境是安全的，安全包括身心安全两方面。教师要通过：①对运动器材的检点；②安置保护器材；③向学生传授保护的方法；④维持好教学秩序等工作来保证学生身体安全。除了身体的安全保护以外，教师还要通过对学生集体团队精神的培养等手段保证一些可能在学习上有困难的学生不受到心理上的伤害。

条件之四：学生的自主学习不会偏离学习目标。教师要保证学生的自主学习不会偏离学习目标，更不会偏离教学目标的方向，不能使学习变成简单的活动，更不能成为一种"放羊"，不能使自主学习失去"学习"的本质，也不能使自主学习没有效果。

条件之五：自主学习中不会发生严重的道德行为问题。由于在自主学习中学生的行为是一种相对自由的状态，因此，道德和行为的问题可能比传授性教学的环境更容易发生，如打架斗殴、污言秽语、脱离集体、偷懒懈怠等，这些都会严重地影响自主学习的性质和效果，因此，教师也必须事先做好预防和处理突发事件的准备工作。

上述自主性教学的基本条件其实也是进行自主学习的几项基本原则。

（二）自主学习教学策略的程序

有效教学的根本目的是促进学生的学习和发展。在以自主学习理论为指导、借鉴其他课程改革的经验并结合中小学体育学科特点，综合设计了体育自主学习教学模式程序，程序主体部分主要包括学生自定学习目标、自选练习方法、自我监控检查、集体讨论帮助、练习巩固和自我评价小结等环节。

该程序的主体部分包含两个闭合的环路。第一个环路主要是由自定目标、自选练法、自我监控、自我反馈和矫正练习构成。它所表示的意思是：在教师设置参考目标以后，学生根据自己的实际情况确定自己的目标，然后自己选择适合自己的练习方法。通过反复练习并不断地反思自己练习的成功和不足之处。遇到自己不能够解决的困难，在上述情况下，学习的几个环节主要是由学生自己完成的，体育教师只起组织引导作用。第二个环路是在第一个环路的基础上增加了师生共同评价总结和教师组织引导等环节。它表明：学生通过自己练习后，师生共同评价总结，然后进行反馈、调整、巩固和提高等。尽管如此，这一环路中还是以学生的自主学习为中心。例如，互相评价就是一种集体自主学习的形式；师生的共同总结既能够体现"课程即对话"的理念，又能够为教师在今后能更好地"导演"学生的自主学习提供依据。

第四节　探究学习的教学模式

新课改重视发展学生良好的学习策略，拓宽学生探究学习的渠道，努力为学生生动、活泼、主动地发展提供条件。优化传统的教学模式，将学生置于教学的主体地位，使他们进行参与性更高和体验性更高的学习，进行"探究学习"，逐步摸索出一套以学生主体参与、互动探索为显性标志的探究式学习方式成为体育新课改的重要内容之一。探究学习旨在让学生在一定的问题情境下，通过自主探究和合作交流，真正让学生理解与掌握体育知识和技能、体育思想和方式，了解科学探索过程，形成自主、探索、创新的意识和习惯，逐步提高学生的创造能力。

体育是一个包含许多原理、许多发展规律的文化现象，也是一个与众多科学技术相联系的学科，因此，在体育教学中，学生的探究性学习是不可少的，伴随着体育教学的逐步科学化，伴随着人们对体育现象认识的逐步深化，伴随着体育课程与教学改革的进一步开展，在体育教学中加强"探究性学习"是教改正确的方向，一线的体育教师们在体育课中寻找"探究性学习"的教学方式与方法也是值得肯定的。

一、探究性学习在体育教学改革中的意义

在体育教学中，注重探究学习的教学模式是近年来体育学者们通过教学理论的"移植"方式，运用到学校体育教学领域中的一种教学模式，也被称为"发现式教学模式"。它是指教师在体育技能教学中，在初步进行尝试性练习的基础上，设置一些事实（或事例）和问题，让学生积极思考，通过讨论，依靠自己去获取新的适应和解决问题的方法，从而进行更有效的运动技术学习，更快地掌握运动技能。与传统教学相比，该模式的最大特点在于改变了学生在教学活动中的被动地位，使学生在主动观察、判断、分析、归纳等解决问题的基础上，了解学习运动技能的意义，产生主动学习的动力。

要正确把握探究性学习的真义，我们还必须确认在新课改中要鼓励和提倡探究性学习的意义。本书认为探究性学习在当前的体育教学改革中具有如下重要的意义：

第一，通过探究性学习鼓励学生的探究意识。由于体育也是一个复杂的文化现象，因此，其中包含许多深刻的文化现象和科学的原理，如果学生在一生中享受体育文化并进行科学的体育锻炼，他就有必要深入地进行体育学习，而对体育现象的探究性学习是这种深入学习的必要过程和重要方法。

第二，教给学生发现和解决问题的方法，培养学生体育认知能力。进行探究性学习可以教给学生探究问题的方法，培养学生相应的能力，如可以帮助学生学会提出假说的方

法、论证假说的方法、听取和分析别人意见的方法、归纳各种意见的方法等，并在这些过程中提高学生的分析问题和解决问题的能力，这些能力将构成学生终身体育实践能力的一部分。

第三，优化体育教学过程，提高体育教学质量。探究性学习是以达到好的教学目的为宗旨，也是以教学效果的优劣为其评价的标准，在新课改中提倡探究性学习的目的也在于可以提高体育教学的质量。探究性可以促进许多高质量的教材化，如对问题串和体育原理验证方法的开发，在教学时可以引入讨论、分组学习等多种方法，必然对体育教学起到促进作用。

第四，通过探究性学习提高学生的合作精神。在探究性学习中，需要许多学生间的相互合作，也要求学生能够谦虚和冷静地听取他人的意见，因此，探究性也是一种合作性学习，这种学习方法也能够为提高学生的合作精神和合作能力提供机会和可能性。

二、探究学习教学的主要特征

（1）强调学习过程和自主学习。学生的学习过程就是一个自我"发现"的过程。我们教一门学科，不是要建造一个活着的小型藏书室，而是要让学生自己去思考，参与知识获得的过程。布鲁纳十分重视学生的主观能动性和积极性的发挥，认为学生应具备自我探究的积极性，想方设法寻找解决问题的方法，让学生学会针对自己的实际情况，选择最佳联系方法，通过自己的努力与教师的帮助和指导，最终实现学习目标。

（2）注重创设情境。注重探究学习的教学模式，要紧密结合具体动作的关键技术环节创设教学情境，结合教学情境提出问题，引起学生的兴趣，形成探究动机，并根据学生在练习实践中的体验，让学生思考与比较不同的联系手段完成动作的优劣。问题情境是一种特殊的学习情境，情境中的问题既要适合学生已有的知识水平和能力，又需要经过一番努力能够解决，从而使学生形成对未知事物进行探究的动机。在这里，教师是资料的提供者，学生是分析者和探究者。

（3）强调直觉思维，注重探究学习的教学模式，十分强调学生直觉思维能力的发展。因为直觉思维与分析思维不同，它不根据仔细规定好的步骤，而是采取跃进、越级和走捷径的方式来思维。直觉思维的本质是映象或图像性的，它的形成过程一般不是靠言语信息，尤其不靠教师指示性语言文字。"直觉思维，预感的训练"是正式的学术学科和日常生活中创造性思维很容易被忽略而又重要的特征。机灵的预测、丰富的假设和大胆迅速地做出实验性结论，这些是从事任何一项工作的人员极其珍贵的财富。所以，教师在学生的探究活动中主要帮助学生形成丰富的想象，防止过早语言化。与其指示学生如何做，不如让学生自己试着做，边做边想。

（4）强调内在学习动机。注重探究学习的教学模式，重视学生形成内部动机，或把外部动机转化成内部动机。探究活动能够激起学生的好奇心，学生受好奇心的驱使，对其探究未知的知识就会表现出兴趣。我们知道，最好的动机莫过于学生对所学材料本身具有的内在兴趣，有新发现的自信感。布鲁纳认为，与其让学生把同学间的竞争作为主要动机，还不如让学生把挑战自己的能力作为首要目标。因此，他主张通过激励学生提高自己才能的欲望，从而提高学生的学习效率。

三、探究性学习的要素分析

顾名思义，探究性学习是一种非直接传授性的教学形式，它是以学生探究问题的方式来进行的学习过程，其方式和过程应该有三个主要特点：一是这种学习必须有一个值得学生通过探究而得到答案的问题；二是教师不能直接告诉学生问题的答案；三是这种学习要有其特殊的学习方式的支持。

（一）探究学习的目的

作为一种被提倡的教学方式，探究性学习是有其明确的目的的，它的目的无非是要通过学生的探究性活动去鼓励学生的探究意识，去帮助学生学会探究的方法并形成探究问题和思考问题的能力。探究性是依靠这种探究能力的形成来提高教学质量的手段。任何所谓探究性学习必须具有这样的目的性才能被理解是真正的探究性学习。

（二）探究学习的问题

探究性学习第二个重要的因素，是要有一个"问题"，一个值得探究的问题。本书认为它必须有以下三个要素，否则就不能成为可以促成探究性学习的真正问题：

（1）问题必须是当前的学习内容中的一部分内容，也就是说不能是节外生枝的问题。

（2）问题必须有一定深度和难度，有时还是一个问题套一个问题，形成"问题串"。也就是说是要学生动脑筋才能找到答案的问题；难度是根据学生的知识储备和经验来判断的，问题必须符合学生的年龄特征和思维水平。

（3）问题必须是有答案的，而且答案应是学生可以理解的和合乎道理的。

（三）探究的技术路线

探究学习从问题出发，在学生的探究下，最后到达教师准备好的答案，这其中有一个过程。这是一个思考研究的过程，也是一个意见交换的过程，是学生不断获得信息的过程和寻找证明方法的过程。因此，教师在开始让学生进行探究性学习之前，必须设计好这样探究的技术路线和信息储备。

（四）必要的探究形式和方法

探究性学习是一种特殊的教学方式，因此，也有其特殊和相对固定的教学形式与教学方法。形式有集体讨论的形式、分组验证的形式等，方法如提出问题的方法、解释问题的方法、讨论问题的方法、验证问题的方法、总结问题的方法、推导规律的方法等。

具备上述因素，探究性学习才能实现。因此，上述四个因素也是探究性学习的四个原则：目的性原则、有适合的问题原则、探究有路线原则、探究有方法原则。

第五节　合作学习的教学模式

一、合作学习的教学思想解读

（一）合作学习的内涵阐释

关于合作学习的内涵，学术界争论比较大，仁者见仁，智者见智，国内外学者从各自的研究领域出发，对于合作学习的内涵进行深入分析和明确界定，现选择其中比较具有代表性的观点详细加以说明。

（1）斯莱文教授的定义。美国约翰逊·霍普金斯大学的罗伯特·斯莱文（Robert E. Slavin）是合作学习的代表人物之一。他认为，合作学习就是将学生分为若干个小组，让学生体验到集体学习的乐趣，在提高学习乐趣的同时最大限度提高学习效率；同时，斯莱文教授还指出，合作学习是以小组的成绩作为评判标准，判断学生对于小组的贡献率，准确评估学生的学习成果。

（2）赖特和梅瓦里克的定义。英国教育学者赖特（Light, P.H.）和以色列教育学者梅瓦里克（Mevarech, Z.R）指出："共同的目标是维系合作学习的重要纽带，学生在共同的学习目标的指引下，合作学习、共同促进、同步发展，力求最大限度提高教学效率，改善教学效果。"

（3）裴娣娜的定义。北京师范大学教育学院裴娣娜教授认为："学习小组是合作学习的外在表现形式，这种学习方式重在强调小组成员的沟通合作，要求小组成员间互相交流学习心得和体会，共享学习成果，力求实现学习效率的最大化、学习效果的最佳化。"

（4）王坦的定义。王坦认为："合作学习是小组成员为了达成共同的学习目标，实现学习效果的最佳化而采取的一种互助式学习方式。这种学习方式的关键在于小组成员之间的异质性，即小组成员的水平和能力并不是均等的，因此在开展学习时，必须准确评估每位小组成员的学习水平、能力以及资质，做到高中低搭配，以优带劣，实现整体学习效果的最优化。"

从上述各个定义可以看出，关于合作学习的解释众说纷纭，各位学者从自身的研究领域和视角出发，对合作学习做了比较具体、深入的阐释。斯莱文从小组成员个人责任和贡献度的视角出发，分析了个人在小组合作学习中应当承担的责任，个人学习目标与小组整体目标的关系。赖特和梅瓦里克则重点协调合作性，其认为共同的目标为小组合作学习指明了方向，增强了小组的凝聚力、向心力，在共同目标的驱使下，小组成员为了团队的利益而共同努力、共同进步。我国学者对于合作学习的界定有所区别，即其认为合作学习是一种教学策略体系，这种策略体系具有系统性、普遍性。通过开展合作学习，能够构建起以学生为主体，师生共同参与的协作式教学体系，解决个体学习存在的诸多弊端，构建生生合作、团结互助式的现代教学体系。

（二）合作学习的五个要素

合作学习的基本要素包括以下五方面：

1. 要素一：学习目标

合作学习的第一个要素，就是需要有明确的学习任务和共同的学习目标。学习任务就是"合作干什么"，这个任务可以是学习某项运动技能，也可以是合作争取竞赛胜利，还可以是进行创新动作等。适合小组合作完成的任务最好是开放性的，即任务具有较多不确定性或模棱两可性，例如，运用技战术进行足球比赛、健美操动作创新编排等。有了学习任务就需要制定共同的学习目标，即小组目标，且这个目标需要得到小组成员的共同认可，特别是当目标是由"外部发起"（如由教师提出）时更需要如此。小组中的个人目标要服从小组目标，因为只有小组目标实现了，个人目标才能得以实现。合作学习的大量文献表明，小组目标是否清晰且被认可，是影响合作学习效果的重要因素。

2. 要素二：异质小组

合作学习是以小组学习为主要组织形式，体育教学中，通常是将全班学生按照性别、身高、身体素质、体能、能力倾向、个性特征等方面的差异划分为 4 ~ 6 名学生组成的小组。分组原则是组间同质、组内异质。组间同质是指班内各小组之间具有同质性，总体水平差异不大，为各小组之间的公平竞争创造条件；组内异质是指小组内成员具有异质性，即成员之间存在着一定的差异和互补性，将不同性别、学业成绩、运动能力、身体素质、个性特征等因素进行合理搭配，形成一个合作性异质学习团队。

3. 要素三：积极互相依赖

异质小组组成的是既有差异又有共同目标的集体，小组成员在学习过程和结果上具有很强的相互依赖性。为了完成共同的目标，彼此必须建立起积极的互帮、互学、互相依赖的关系。学生需要意识到自己与小组成员是休戚相关、荣辱与共的关系，自己的成功有赖于整个小组的成功，如果小组失败了，自己也就失败了。

4. 要素四：个人责任

合作学习要求小组中的每一个成员都必须尽职尽责，不能"搭便车"。每个成员都要有明确的分工，承担一定的任务，要责任到人。如果分工不清晰，可能会导致总是一两个学生在做全组的工作，而其他人却袖手旁观，无所事事。只有当全体成员都认真履行好自己的职责，完成好自己的任务时，小组的共同任务才能完成，目标才能实现。

5. 要素五：评估标准

合作学习必须以小组活动的总体成绩而不是个人成绩作为评价和奖励的依据，并且实行小组自评，即小组定期评价成员共同活动的情况，给每个成员必要的反馈，检讨小组运行情况和功能发挥程度，以使小组成员维持良好的合作关系，并促进小组成绩得以提高。

（三）合作学习的教育功能

1. 培养合作精神的功能

通过开展合作学习，能够增强学生的合作意识，使其认识到团结合作对于个人和集体的重要性，从而在学习和日后的工作中学会与他人协调配合，具备团队合作能力。从当今社会发展现状来看，大到国家与国家的合作，小到单个人员个体的合作，无不体现着合作的重要性。因此，在现代学校教育和家庭教育中，必须将合作学习作为重要学习方式来抓，帮助学生掌握合作学习的精髓和要义，培养其团队合作意识，使其具备团队合作的精神，这也是合作学习的应有之义。

2. 培养交往能力的功能

人在社会中生活，其首先应当是一个社会人，其应当掌握基本的人际交往技巧和社交礼仪，学会与他人和谐相处，这样才能在社会上立足。小组合作学习实际上也是学生彼此交流情感，实现集体发展和个人发展的重要途径，通过开展合作学习，能够培养学生的人际交往能力，帮助学生掌握与他人沟通的基本技巧。

3. 培养创新精神的功能

在合作精神和交往能力之外，培养学生的创新精神也应当是合作学习的应有之义，这也是合作学习未来长期发展的方向。合作学习不应是简单的机械式说教，而应当是快乐式、协作式学习，也就是让每一位学生在学习过程中都有所收获，从而增强他们解决问题的能力。需要注意的是，由于合作学习小组中，每位学生的水平难免参差不齐，学生的知识储备度、覆盖面也会存在较大差异，因此，教师必须做到因材施教，不可"一刀切"式地使用一种教学方法。通过开展小组合作学习，能够用优生带动差生，实现优良搭配，实现整体学习效果的最优化。

4. 培养竞争意识的功能

通过开展合作学习，不仅能够在各个小组间营造比拼赶超的浓厚氛围，还能够在学生个体间创造一种竞争氛围，使学生主动向表现优异的同学看齐，主动提升自身的能力和知识储备，使自己具备较强的竞争意识。由班级中的小组合作学习推广到学生日后进入社会的工作生活，从学习阶段开始培养学生的竞争意识，对于学生日后走上工作岗位，更好地适应社会，取得更大的成功和发展无疑大有裨益。

5.培养平等意识的功能

小组合作学习通过采取异质分组的方式，将成绩不同、能力不同的小组成员组织在一起，相互交流学习、共同成长进步，这种学习方式能够加深学生之间的交流，密切学生的感情，帮助学生学会与他人交流相处，平等待人，从思想上树立平等协作的意识。

6.激励主动学习的功能

如上文所述，小组合作学习能够在学生中营造一种比拼赶超的竞争氛围，使学生主动学习，向优秀学生看齐，变被动学习为主动求学，真正将"要我学"变为"我要学"。在合作学习小组中，学生通过与同学交流沟通，能够及时发现自身的缺点和不足，并且往往会主动寻求补足这些缺点和不足，将主动学习付诸实实在在的具体行动。但是，在学生主动学习的过程中，教师不可放任不管，任由学生自行开展，而是应当给予及时的辅助和支持，解决学生学习过程中遇到的困难和不足，指明下一阶段学习的方向，避免学生出现盲目学习、低效学习的问题。

（四）合作学习教学的优势表现

1.有利于提高学生体育学习的效果

（1）调动学生积极性。合作学习能够从三方面调动学生的主动积极性：第一，通过制定得到认可的小组目标和个人责任，使得每位成员都有了明确的努力方向，产生学习的动力。第二，合作学习的评价机制是以小组成绩作为标准，且有小组自评，学生担心因为自己的落后而影响整体荣誉，也希望获得他人的积极肯定，因而会更加积极努力。第三，成员之间互帮互学的良好氛围、小组之间的公平竞争，有利于调动学生参与活动的内在动力，能够更加积极地投身到体育课的学习中。

（2）营造良好的学习氛围。人具有归属、安全的心理需求，一个小组如果合作学习开展得好，成员能够在宽松、温暖、和谐的人际环境中学习，倾心交流、畅所欲言，相互支持、彼此帮助，获得归属感和荣誉感。这样有利于降低从事单调技术性练习时容易产生的倦怠感，可以将有些枯燥、艰苦的身体锻炼转化为生动有趣的集体活动，有助于提高学生的学习效果。

（3）同行者的激励。在学生阶段，同伴是青春期学生的重要他人，同伴对个体的影响比父母、教师还要重要。学生在小组中获得同伴的支持、鼓励、劝说、帮助，这种同行者的鼓励，有时候比教师的帮助效果更好。

（4）在班级人数较多的情况下，一名体育教师对全体学生进行指导、帮助和保护难度较大且效率低。合作学习使学生之间可以互相保护、互相监督、互相指导，给每个学生更多的练习机会，提高学习效率。

2.有利于学生社会适应性发展

（1）学习处理个人与集体的关系。合作学习的活动方式和评价标准，要求学生正确处理个人与集体的关系，不断调整个人目标以适应集体目标。学生要正确认识自己和评价他人，为了小组目标的实现，必须克服以自我中心的心态，培养他们的利他性和合群性，有助其社会性的不断发展。

（2）培养社交能力。合作学习教学模式要求学生之间要有很多的交流与合作，包括活动中的自我介绍、相互问候、发表意见、倾听发言，出现分歧时的说服、争论和妥协，困难时的相互鼓励、凝聚力量，这些都能够培养学生的社会交往能力。

（3）培养合作精神。合作是手段，社交是工具，对学生合作精神的培养才是价值所在。让学生在合作中体会到个人与集体的密切关系，意识到个人成败与集体成败荣辱与共，个人价值与社会价值的辩证统一，并将这种合作精神延伸到课堂以外的整个人生，成为其个体素养的重要组成部分。

3.有利于培养学生的综合能力

在小组合作学习中，需要自发形成以某人为核心的团队，每个成员都要团结协作。这有利于学生领导能力、组织能力、协调能力、合作能力的发展。小组成员之间的交流，锻炼了沟通能力、表达能力、倾听能力，小组活动需要集思广益、自主创新才能在竞争中获胜，有利于学生思维能力与行动能力的培养。

4.有利于促进学生主体性的发展

合作学习教学模式摒弃了传统教学单纯以教师为主的弊端，提倡师生互动，生生互动，为学生提供了积极参与、平等参与的机会。小组群体的认同、理解、尊重使得个体的主体性得到了更好的表现和发展，突出了学生在学习中的主体地位。

5.有利于促进学生自主探究学习

自主学习、探究学习、合作学习是新时期的三大教学理念，其中，自主探究学习是合作学习的基础，合作学习是自主探究学习的发展。在小组合作学习中，学生需要确定目标，并根据小组目标调试自己的具体目标，通过讨论甚至辩论对疑难问题进行探讨，发现总结学习规律与方法，探究问题解决的方式，这些活动都有利于促进学生自主探究学习能力的提高。

二、合作学习教学模式的构建与特征

（一）合作学习在体育教学中的构建程序

第一，教师传授基础知识和技能。教师在每学期初，利用较短的时间，传授在开展合作学习教学模式中学生必须掌握的知识与技能，如社会交往技能与知识，专业课的基本理论与基本技能等。

第二，群体呈现或组建学习小组。合理解决分组问题是合作学习能否取得成功的前提，教师需要根据班级学生的性别、能力倾向、个性特征、身体素质、运动能力等基本情况，按照"组间同质、组内异质"的原则，将不同层次水平的学生进行合理分组，力争使各个小组在总体水平上基本一致，以体现"组内合作、组间竞争"的特征。

第三，集中授课。教师在每节课开始时，利用较短的时间，以讲课、演示的形式，向全班学生集体传授基本动作、技能与知识。形式与班级授课类似，但要求时间短、内容多、效率高，为小组活动留下充足的时间。此阶段要求教师尽量做到言简意赅，短时高效。

第四，明确小组学习目标和责任分工。在小组活动前，教师应根据教学计划和进度，提出小组学习任务，对小组练习的内容可以不做统一的要求，而是提出多种学习方法和丰富的学习内容供学生参考。小组根据教师部署的任务，进行讨论，明确小组学习目标与学习方式。同时要对小组成员具体职责进行详细分工，明确角色，比如组长、记录员、测量员、观察员等。小组人数越少，个人责任越大。每个成员再根据小组目标和自己的分工，设定个人目标。该阶段需要给予学生较多时间的讨论与交流，使得小组目标认同，并明确责任到人，为后续小组活动奠定基础。该阶段的目标需要设定三级：一是教师根据学生和教学内容确定整体需要实现的目标，是班级目标；二是学习小组根据整体目标和组员情况确定小组目标；三是学生个人目标。

第五，小组活动。各小组按照小组目标，以组内交流合作为主展开学习。小组成员发挥各自的优势，进行传、帮、带，不同层次的同学在互帮互学中提高自己的水平。小组成员基本掌握动作要领后，在小组长的带领下，根据教师设置的任务与情境，开展小组合练与编排，为组间竞争做好准备。学习过程中强调荣辱与共、同舟共济、优势互补、各尽其责。

适合体育教学开展的主要合作学习活动方法如下：

（1）思考—讨论—练习。教师说明教学任务和目标，学生个人思考解决方案，然后将其在小组中与其他成员交流分享，讨论每种方案的可行性，实施认可的方案，综合成员意见，继续练习并调整方案。此方法适用于创造性游戏、舞蹈，需要问题解决能力的游戏、战术等。

（2）练习—指导—纠正。小组成员结对练习动作，一人做动作，另一人提供反馈并纠正错误，二人不断角色互换，直至动作熟练。如果小组所有成员统一练习是正确的，则开始学习和练习下一个动作。此方法适用于学习竞技项目单一技术学习任务。

（3）拼图法。每个学生负责学习部分内容，并向其他成员传授他所掌握的内容，各个成员相互学习，直至全体成员掌握所有技术环节或完成整个任务。此方法适用于比较复杂或由多个部分构成的学习任务，如整套舞蹈、技战术等。

（4）分工法。小组成员完成各自任务，并不强调每个成员学习所有教学任务。分工法是拼图练习的一个阶段。

（5）协同合作游戏法。学生角色不固定，按一定规则和要求进行随机配合。此方法是游戏或球类活动。

第六，总结评价。教师作为教学活动的组织者、指导者和参与者，在整个教学特别是小组合作学习中应该发挥主导作用。教师要积极参与学生的活动，给予配合与指导，并对学生的学习情况、合作学习形式和效果给予及时反馈，起到监督、指导的作用。教师要注意掌握学生在课堂上的表现，评价既包括动作掌握情况，也包括小组合作交流情况。小组在合作学习活动中要经常采用小组内汇报、其他成员评价的形式进行自评。评价体系要多元化，组间竞赛成绩、组内自评、组间互评、教师点评四种形式相结合。每节课结束前，各小组要做好小组总结，小组成员进行自评与互评，指出小组活动存在的问题与建议，并及时反馈给教师。教师根据小组的活动和测试情况，适时调整教学内容。

第七，小组解散。以小组为单位的活动结束后，教师再次将全班集中，进行简单总结，提出下节课的教学目标与教学内容，要求各小组事先做好准备。

（二）合作学习的特征表现

相较于其他教学模式，合作学习的显著特征之一是学生在人际互动中学会学习与发展。在小组合作学习中，突破了以往课堂上仅为教师与学生互动的限制，学生与学生之间有了更多的交流与合作，使得师生之间、生生之间的人际互动具有更大的主动性、活动性和开放性。学生在这种人际互动中交流、学习、改进、提高与发展，教师也从学生的反馈中反思教学，改变方法，提高质量。

（1）以异质小组为基本形式。合作学习的基本形式不是学生个体，也不是班级整体，而是依据"组间同质、组内异质"原则划分的小组，目的在于促进小组成员间的合作与互助，以此作为教学活动的动力。

（2）以小组明确目标达成为标准。从合作学习的内涵来看，合作学习小组的组建不是随意凑几个学生就能够产生高效的学习。小组必须有明确的学习目标，且这一目标能够得到所有成员的认同，由此才能激发全体成员内在的积极性和行为动机。小组需要具有较高的凝聚力，成员之间彼此真诚信赖、相互帮助、荣辱与共，在小组中能够获得归属感、责任感和荣誉感。全体成员共同努力，以小组目标实现作为个人目标实现的标准。

（3）以小组成员互赖性活动为主体。合作学习是以小组成员之间互赖性活动为主体而进行的一种教学活动，这是合作学习区别于传统班级教学最本质的特征。这种互赖包括任务互赖、目标互赖、资源互赖、环境互赖、角色互赖、对手互赖、评价互赖、奖惩互赖。用社会互赖理论来看，合作学习的理论核心是"当所有的人聚集在一起，为了一个共同的目标而工作时，靠的是相互团结的力量。相互依靠为个人提供了动力，使他们：①互勉，愿意做任何促进小组成功的事；②互助，力使小组成功；③互爱，因为人都喜欢别人帮助自己达到目的，而合作最能增加组员之间的接触"。

4.以小组总成绩作为评价和奖励的依据

区别于班级教学模式中将个人成绩作为评价标准，合作学习中，对学生个体的评价和奖励是以其所在小组总成绩为依据的，个人的成功不是真正的成功，只有小组目标实现才能实现自己的目标。这种评价标准使得在课堂教学中建立起一种"利益共同体"，小组成员之间形成休戚相关、荣辱与共的价值观，形成人人为我，我为人人的关系是动机激发的一个重要标志。

三、体育有效教学中合作学习的运用实践

新课程改革以来，合作学习在学校体育教学中进行了大量实践，有成功的经验，有失败的教训，有混用的误区，有不同的见解。要正确理解、认识、运用这种教学模式，还需要能够辨析合作学习的常见误区，了解这种教学模式的适用和限制条件，掌握实施合作学习教学模式时的注意事项。

（一）合作学习教学的常见误区

误区一：合作学习与分组练习、合作类运动（游戏）没什么差别。在体育教学实践中，对合作学习最大的误区就是将合作学习等同于分组练习或合作类运动（游戏），或者是将学生重新编组，把原来的班级教学改为小组教学而已。这种简单化导致教师按照原来的教学模式准备合作学习课程，使合作学习流于形式。其实，合作学习与分组练习、合作类运动（游戏）之间有着本质上的差异。

误区二：合作是小组学习的必然产物。并不是成立了小组就会产生合作学习，如果小组没有明确且被成员认可的目标，没有责任到人的安排，团队缺乏凝聚力，学生之间缺少沟通与交流，这样的合作学习也会流于形式。

误区三：合作学习学生更容易"搭便车"。合作学习的基本特征之一是责任到人，如果小组在开始活动之前，学习任务分配给全体成员，每个成员都能够各司其职，就可以调动全体成员的积极性，投入合作学习中。但是如果在缺乏个人责任的小组里，就会出现一两个学生可能会做全组的工作，其他人却袖手旁观的现象。因此，小组目标和个人责任必须合二为一，才能减少甚至杜绝在合作学习中学生"搭便车"的现象。

误区四：合作学习是只有合作没有竞争。合作学习并不只有合作而没有竞争，这种竞争表现在三方面：第一，合作学习基本特征之一是"组内合作，组间竞争"，在小组成立之初的设计过程，就已经把组间竞争引入合作学习中。第二，合作学习的学生评价是以小组总成绩为依据，这会导致小组之间存在竞争，每个成员的成绩依赖于小组成绩，也就将组与组之间的竞争转化为学生之间的竞争。第三，小组内部也有一种潜在的竞争意识，技术好的学生帮助差的学生，本身就是一种自身技术的展示，可以对技术差的学生产生激励作用，使得每个学生都希望成为组内最优秀的学生，产生了赶超的心理。合作学习中的合

作与竞争之间是保持一定张力的。

误区五：合作学习只有集体学习而没有个体学习。合作学习既有合作的集体学习也有个体学习。如在"拼图法"合作中，教师在布置任务之后，小组成员通过各自的学习和练习，使自己掌握某项技术，然后将此项技术教给其他成员。

误区六：合作学习教学模式中教师可以省心轻松了。教师是课堂教学的主导，始终起着引导、指导、监督的作用。在合作学习中，教师的这种组织、指导、监督作用更加重大。第一，在小组分组过程中，教师要根据学生特征，合理分配各组成员。第二，在小组合作学习活动开展之前，教师需要讲清合作学习的要求与方法，社会交往必要的技能与方法等。第三，在小组活动中，教师要积极参与学生的小组活动，并在活动中紧密观察，及时了解各个组活动进展，以发现问题，对合作小组成员和目标进行调整。第四，教师要针对练习中出现的问题，把握时机及时进行指导，纠正错误动作。对于普遍出现的问题，要集合起来进行集体讲解，统一示范。第五，组织学生进行讨论、总结。第六，对于学习目标完成好的组或个人要及时给予肯定和表扬，对出现问题的小组要提出建议和批评。

（二）体育教学"合作学习"的局限与适用条件

体育教学中并不是所有的内容和所有的阶段都适合采用合作学习教学模式，它有自己的局限和适用条件。

第一，合作学习不适合所有学习任务。合作学习理论认为，简单的知识技能类教学任务一般无须合作学习，而带有探究、对比、拓展、多步骤的操作题、需要发挥集体智慧的教学任务则更适宜合作学习。例如，在体育教学中创编健美操动作组合、技战术运用参加比赛、辨明某种体育行为是否合理、集体性质的体育游戏等。体育教学中应用合作学习，需要考虑运动的项目特征，集体项目与个人项目、体能项目与技能项目、复合技术与简单技术学习的区别。通常球类项目、某些游戏本身就有合作的要求和特点，采用合作学习教学模式效果会更好。但是，一些简单动作学习、或合作的难度超过了学生的能力水平时，就不宜采用合作学习。

第二，合作学习不适合所有的学习阶段。学习是分阶段的，并不是所有的阶段都适合采用合作学习。在某一运动项目或技术动作学习初期，学生需要在教师讲解和示范基础上学习正确动作，这是有较为标准的答案，并不需要学生之间进行讨论、探究、摸索。因此，动作技能学习初期，以教师传授学生接受学习比较适宜。学生反复练习或进行动作组合时，合作学习效果会更好。

第三，合作学习不适合所有的人群。学生是具有丰富个性、不同文化和成长背景的学习者，因此，学习效果也会有所不同。合作学习并不是对每一个学生都适宜，性格内向、胆怯孤僻的儿童，并不适合在合作小组中学习；而个性偏执、敌对性强的学生，也会造成较多的小组矛盾与冲突。当然，合作学习最重要的是培养学生社会适应性和合作精神，这样的学生更应该在合作学习中得到锻炼与提高。只是教师在实施过程中，要格外关注这类学生在活动中的表现，及时调整和鼓励，帮助他们更快、更好地融入集体之中。

第四，合作学习教学模式对教师综合能力要求更高。合作学习教学模式有效实施，需要教师做更多的课前准备和课堂投入，教师要有更高的综合能力。教师要了解全班学生的个性、体能、能力特点，才能在小组组建中合理搭配成员。在教学中，教师不仅要传授有关体育运动方面的知识技能，还要教授人际沟通、交往技能，传播合作精神，要求教师拥有较为丰富的社会学、心理学知识。在小组活动中，教师要观察、参与学生活动，要回答学生提出的各种疑问，及时发现问题并启发学生找出问题的解决方案，要组织全班各小组有序互动，协调组间、组内的矛盾，要求教师具有较高的组织协调能力、启发教育技巧。

（三）合作学习教学实践的注意事项

第一，合作学习是接受式学习的一种补充，二者不能对立起来。学校教育特别是基础教育阶段，学生的主要任务还是以知识的学习与掌握为基础，接受式学习依然是最基本的学习方式。合作学习可以弥补传统学习方式强调个体竞争忽视团队合作的弊端，可以视为接受式学习的一种补充，但不能过分夸大其作用。

第二，抓住合作学习的根本特征，避免形式化。合作学习并不是简单地设计几个双人、多人动作让学生去完成，也不是增加学生讨论时间就算合作，要避免徒有形式而无实质的"伪合作学习"。真正的合作学习应该具备三个条件：一是目标相同，利益相同；二是明确分工，缺一不可；三是共同活动，相互理解。

第三，教师要传授合作学习的方法与技能。教师要给学生传授合作学习的方法与技能，特别是社会交往技能。培养学生"会听""会说""会帮助"。"会听"包括耐心听、虚心听、用心听；"会说"包括敢说、会说、善说；"会帮助"包括保护意识、保护方法和保护能力。

第四，教师要加强引导，避免"搭便车""小权威"等现象。合作学习中如果目标不清晰、分工不明确，极易造成小组团队缺乏凝聚力，学生各自扎堆聊天而没有进行合作学习。因此，教师在实施小组活动之前，一定要留出较为充分的时间帮助小组明确目标和分工，然后再开始活动。异质分组可能会令小组内交流时彼此缺乏共同语言，教师要鼓励调动每个学生积极投入，避免有学生"搭便车"现象。教师在观察小组活动中，还要注意个别小组内出现"小权威"的独断专行，包办任务。

综上所述，合作学习是对传统的学习和教学有益的补充。合作学习是一种集体学习，是依托学生共同的努力和各自的特长，更依托同学之间的集体精神和互助的愿望。合作学习能帮助学生提高合作能力，学会共同互助的学习方法，但它需要特定的条件和共同学习的课题，应该说它也只是一种辅助性的教学方式。在班级授课制的条件下，特别是体育课堂教学的条件下，合作的机会的确很多，互帮互助的需要很多，却不是一互助就是合作学习，一对话就是合作学习，一共同做练习的就是合作学习，我们且不能从表面上来判断合作学习的形态，更不能把合作学习简单化。我们必须创设真正合作的动机、合作的需求、合作的情境、合作的教材、合作的方式以及合作的时空，让学生真正在合作中去学懂、学会、学乐，提高我们体育教学的质量。

第四章　小学体育与健康课堂教学艺术

第一节　引入新课

引入新课是指新课开始之际，教师有目的、有意识地引导小学生进入学习情境的方法。体育课堂教学的导入技能历来为研究者、施教者所重视，这是因为对新的知识卓有成效的学习开端于良好的"入门"阶段。高超的体育导入技能形式多样，并无固定的模式可循，但优秀导入者都实现了一个共同的目的，那就是使学习者明确了学习的目的，引起了学习的兴趣，能最大限度地调动起体育学习的主动性和积极性，顺利而快速地进入新的学习情境中，从中获得深入学习体育的动力，愉悦地完成体育学习的目标。

一、引入新课的作用与原则

从事任何活动都需要有兴趣，否则活动的效率则难以提高。体育课对小学生来说是有兴趣的，但是由于体育课的教学内容和方法往往流于形式，内容单调重复，方法简单缺乏新意，学生渐渐对体育课的感受性降低，慢慢失去了兴趣，最后还可能对体育课产生一种厌恶心理。就体育课而言表现在：上课无精打采，注意力不集中，畏难情绪较大，借故请假次数多，怕出汗，勉强完成任务，考核只求及格。针对这种现象，作为教师应想想办法，通过体育教学提高学生的体育意识，激发小学生的体育兴趣。而要上好一节课，一个良好的开端显得尤为重要。

（一）引入新课的主要作用

第一，吸引学生体育学习的注意力。好的新课引入能强烈地吸引学生的注意力。在体育课堂教学中，学生的注意力是保证听好课的首要条件。心理学认为：注意是心理活动对一定对象的指向和集中。人的注意力在高度集中时，大脑皮层上的有关区域便形成了优势兴奋中心，对所注意的事物专心致志，甚至会忘掉其他一切。如我们看电影时，看到精彩片段时会睁大眼睛，屏住呼吸，忘记周围的一切，好像身临其境一样。这说明人的注意力越集中，对周围其他干扰的抑制力就越强。因此，这时接受信息的信噪比特别高，信息的传输效率也最高，这时人对事物观察得最细致，理解得最深刻，记忆得最牢固。所以，在教学中，教师应在学生上课后情绪尚未稳定、注意力尚未集中之前，运用适当的手段或方法使学生的注意力尽快集中到对体育的学习上来。

第二，激发学生的体育学习兴趣。心理学认为：学习兴趣是一个人力求认识世界，渴望获得文化科学知识的积极意向活动，只有对所学的知识产生兴趣，才会产生学习的积极性和坚定性。如果一个学生一上课就把注意力集中在教师要讲的课上，但由于教师引课枯燥无味，讲解晦涩难懂，因而学生的注意力也就很难保持长久。所以，要想巩固维持学生对学习的注意力，就必须使他们对所学的知识产生浓厚的兴趣。引课能使学生在上课的一开始就处于最佳的思维状态，带着对问题的浓厚兴趣进入新课的学习。

第三，承上启下，使学生有准备、有目的地进入新课的学习。好的新课引入应该起到复习旧知识，引入新知识，在新旧知识之间架起桥梁的作用，从而为学生学习新知识铺平道路，明确目标，打下基础。

第四，为新课的展开创设学习情境。良好的新课引入可以起到创设生动活泼的学习情境的作用，使学生的情绪愉快地进入学习过程，为新课的展开创设良好的条件。

（二）引入新课的基本原则

一是思想高度重视。要搞好新课引入，首先要在思想上重视。如果思想上没有足够的重视，认为新课引入可有可无，多此一举，不如把时间放到正课上去好，当然会对新课引入缺乏兴趣，也就不可能千方百计地去想办法、找资料设计新课引入。如果在思想上认识到新课引入的重要作用，把它看作提高课堂教学质量和效果的必要手段，那么就一定会在如何搞好引入新课的资料等问题上下功夫，搞好新课的引入。

二是备课充分准备。要想搞好新课引入，必须做好充分准备。即在备课时一定要深入挖掘教材，掌握本节课的重点、难点，然后根据本节课的知识内容确定相应的引入材料，并根据学生的心理特点，确定引入的形式。比如对初中生，他们以形象思维为主，好奇心强，好动性强，所以在引入的形式上应多用实验、游戏、故事等；而对高中生，他们的抽象思维能力较强，要求教师讲解的知识性、逻辑性强，所以应多用资料、习题、典故等形式引入。同时，在备课时还应注意所用资料的可靠性、科学性。

三是平时积累资料。要想得心应手地进行每节课的引入，必须靠手中具有丰富的资料和生动形象的讲演才能达到。丰富的素材要靠平时的积累，要多看些体育杂志、书籍，广泛收集知识，做好记录及摘抄。成功的新课引入和教师的表达能力是分不开的，所以教师要不断提高自己的表达能力，包括讲演、板书、板画等技能，只有这样，才能把引入材料表现得更充分、更形象，使课堂教学生动活泼，引人入胜。

二、创设教学情境

新课引入需要创设特定的教学情境。教学情境创设顺应了体育教学改革的发展方向，通过创设具有鲜明主题的情境氛围，激发学生的学习动机和求知欲望，使学生的学习动机与教师的主导作用产生共鸣、形成共振，从而有效地实现教学目标。教学情境在新课引入中有着广泛应用，贯穿整个教学过程。

（一）教学情境创设的目的

教学情境创设是指根据教学的内容和目标，运用多种手段创设问题情境，并通过启发讲授，充分激发学生的学习兴趣，使学生在高昂的求知欲中获取知识，增进技能的一种方法。它有利于开发人脑的潜力，充分调动学生的积极性，最大限度地提高学习效率，并能创设一种有益氛围，使学习过程变得轻松活泼。

情境创设的过程一般是：引入新课—创设情境—启发讲授—学生练习、教师指导—归纳总结。由此可以看出，这种教学方法的关键是创设情境，重点是启发讲授。

（二）教学情境创设的常用方法

1. 直观演示法

在新授课时，教师用直观的演示手段创设问题情境，启发教学。

例如：在新课前滚翻教学中。

教师用同样大的力演示砖块和篮球滚动后，问："哪一个物体滚动得快？为什么？"

根据演示的结果，同学们齐声回答："篮球，因为它是圆的。"

于是得出结论：圆的物体利于滚动。

教师继续往下问："人体是什么形状的？这样的形状利于滚动吗？"

学生回答："长扁形的，不利于滚动。"

教师接着问："怎样才利于滚动呢？"

教师稍作提示后，学生一起回答："将身体团起来。"

于是，教师示范团身动作并简单讲解要领后又问："团起身体来就能滚动吗？还必须怎么做呢？"

学生们回答："不是的，还必须用力。"

"这个力来自哪里？"教师边问边做弓背蹬地动作。

经过争论，同学们得出结论："这个力既不是来自手，也不是来自腰，而是来自两腿的蹬伸。"

这时，学生对前滚翻的两个主要要领（蹬地、团身）已经基本清楚了。教师在完整示范并讲解技术要领后，再组织学生练习就容易多了。

2. 游戏与比赛法

游戏与比赛有利于提高学生的竞争意识和集体主义精神。新课障碍跑教学中，某一位教师运用了这种方法。课上，教师设置了多种障碍（"小沟"低栏架、标枪），采用迎面接力跑比赛的形式，发展了学生的快速跑能力、弹跳力（跳过"小沟"）、柔韧性（跨过低栏架）和灵敏性（蛇行跑绕过标枪），使整个教学过程都沉浸在一种积极活泼的气氛中，大大提高了学习效率。

3. 音乐渲染法

大家知道，在体育比赛中，啦啦队的作用不可忽视，他们时而摇旗呐喊，时而敲锣打鼓，对运动员的情绪很有影响。体育教学中也可以利用这一点。如在学习韵律操时，配上轻松活泼富有节奏感的音乐；学习武术时，放一段《中国功夫》；练习中长跑或竞走时，放一段《运动员进行曲》等，都能激发学生的学习兴趣，从而提高教学质量。

4. 对比实验法

在体育教学与训练中，曾有个别认为存在"只要猛跑猛跳，就能出成绩"，而不太重视技术学习。针对这种思想，在学习了100米跑后，教师进行了如下实验：在训练队中随机抽取10名学生，强化技术训练。训练三周，然后将他们的成绩与以前的成绩做比较，发现仅有一名学生的前后两次成绩相同，其他学生的成绩都有不同程度的提高，平均提高了近2秒。通过这次对比实验，纠正了个别学生的错误思想，肯定了技术学习的重要性，增强了学生的求知欲，为以后的技术学习奠定了良好的思想基础。

三、知识引入

教师以体育知识引入新课，开门见山，直奔主题，能够起到承上启下，巩固强化的教学效果。与其他引入方法相比，知识引入较少受到教学条件的限制，教师容易操作，是体育教学实践中用得较多的一种引入方式。

（一）知识引入的意义

知识引入是体育教学的一种重要方法，其目的是有效地强化技术和技能，帮助学生树立正确的体育观念和体育态度，培养学生的体育能力，提高学生对体育的认识，正确处理体育与德育、智育的关系，使学生了解体育的价值，掌握科学锻炼身体的方法，提高学生的体育文化素养水平，为终身体育能力和习惯打下基础。体育知识是有关人体身心健康和身体运动的科学知识，是长期体育实践经验的理论化和系统化，它与体育学习有着十分密切的联系。体育课程教学中，教师在组织学生学习技术时，要不时地利用相关学科的理论知识来进行生动比喻、形象说明和理论验证。在辅助教学过程中，学生听起来津津有味，注意力特别集中，有一种顿悟的感觉，比教师生硬而单纯地讲解要领更易使学生快速掌握新动作。

（二）知识引入的主要方法

知识和实践是相辅相成、缺一不可的。知识引入新课能够充分发挥学生的积极性、主动性和创造性。知识引入根据学生年龄和知识结构以及可接受性的特点选择适合学生学习和掌握的知识，有助于他们在实践中掌握基本技能和技术，懂得体育的意义和价值，充分享受体育运动的乐趣。

例如设疑引入法。设疑，即以问题的形式提出每堂课的教学内容，是把教学的内容变成问题，使之成为一种诱因，把学生已经形成的学习兴趣由潜伏状态转入活动状态，调动学习的积极性来解决当前的任务，同时使已形成的学习兴趣得到巩固和加强。

1. 结合其他学科知识

随着学生年龄的增长和科学知识的增多以及智力水平的发展，教师结合他们已具备的物理、化学、生物、数学和政史等学科的知识进行知识引入，开阔学生视野，增进他们对体育科学的理解，从而以科学的态度对待体育和进行科学的、有效的体育锻炼。教师同时根据体育教材特点，在运动技能的学习、场地器材的结构特点、增强体质和卫生常识、爱国主义和精神文明建设等方面进行切实有效的教育，充分达到体育教育的目标。

教师结合其他学科知识进行知识引入，加强了学科之间相关理论知识的渗透和联系，使学生更加生动贴切地理解运动技术原理，掌握运动技能，培养了学生运用所学知识解决实际问题的能力，缩短了学生掌握技术动作的过程和时间，提高了课堂学习效果，启发了学生的扩散性思维，加强了和相关学科的横向联系以及学科间相关知识的整合和综合。

2. 利用体育竞赛

体育竞赛是增进友谊、培养学生集体荣誉感和勇于拼搏进取等意志品德教育的有效途径，教师不失时机地进行体育知识的引入，培养学生欣赏体育竞赛的能力和参与意识以及基本的竞赛规则和方法，懂得体育竞赛的意义，遵守体育道德。在竞赛中提高学习体育理论的兴趣，加深学生对体育的理解和认识，不断提高体育能力，推动学生体育素质的提高。

万事开头难，体育教师在每节课的开头要向学生交代清楚本节课的目标和课的内容。由于不同的对象、不同的教材、不同的课型等，如果教师采用单一、呆板的导入方法，课堂上会常常出现教师上面讲得费力，学生下面听得乏味的尴尬局面，乃至抑制学生的学习情绪，难以集中小学生的注意力，更谈不上激发学生的兴趣，导致直接影响全课教学任务的完成。教学有法，但无定法，新课的导入亦是如此。教学内容不同，教师的素质和个性不同，导入的技法也就各异。知识引入要做到"教学目的明确、教学内容正确、教学方法适合、教学组织有序、师生双方积极、教学反馈及时、讲解生动形象"，只有这样，才能培养学生对体育的情感和态度；促进学生情感的发展，并带有良好的情感参与学习活动，从而起到良好的教学效果。

第二节　开展新课

展开新课是引入新课后课堂教学的主要环节，它占据一节课的大部分时间，是师生信息交往的频繁时段和完成教学目标的关键时段，也是教师教学基本功得以展示的重要场所。

一、体育教学的讲解与提问

体育教学的语言是教师的一项重要基本功，是引入新课教学的主要手段。体育课上，教师的讲解与解疑答惑是学生获取新知识、掌握新技术、新技能和提高身体素质的主要手段。因此，教师讲解语言技能的优劣决定了一节课的成败。正确地运用语言能启迪智慧、启发学生的思维，加深对学习内容的理解，促进学生运动技能的形成，培养学生发现问题、分析问题与解决问题的能力，还能激发学生的学习兴趣、活跃课堂气氛、融洽师生关系。

在新课体育教学过程中，常用的方法有讲解与提问。

（一）讲解

讲解是教师运用语言向学生系统地传授体育知识、运动技能的方法。讲解分为直陈式、分段式、概要式、侧重式、对比式、比喻式讲解等。体育实践课"讲解"的特征是以学生身体练习为载体，是体育学科的特征。因此，在体育实践课教学中，"讲解"是伴随着学生身体练习的进程而展开的。它的主要目的是帮助学生提高身体练习的质量，这种讲解的逻辑性、系统性不强，且不是教学的主干。它与文化课讲解存在较大的差异，它的主要功能体现在"帮助""激励""指导纠正"等多方面。这种讲解除"教学目标""教学内容""动作要领"等常规、可预见性讲解内容外，更多的是根据学生动态的需要而不可预见的讲解——即兴讲解。因此要求讲解语言精练，甚至精练到一个字，如"快""推""转"等。讲解的时机要准确，如何讲解、讲解什么，要追求讲解的及时效应。适时讲解、适当讲解、适度讲解是体育课讲解的基本特征，正确运用讲解技能，能产生画龙点睛、事半功倍的效果。

在体育教学过程中应用语言时应注意的事项如下：

第一，语言要有明确的目的性。在教学中讲什么、怎么讲，教师必须根据教学目标、教学内容、学生的特点以及教学过程的具体情况，可根据学生思想上、技术上或身体发展上存在的主要问题，抓住重点与难点，有针对性地讲解，有的放矢。

第二，内容要正确，实事求是，并注意内容的科学性。应根据学生的体育基础和已有的知识、经验，来确定讲解内容的深度、广度和方法。

第三，语言要清晰、准确、生动、形象、简明扼要，并富有感染力，要抓住教材的关键，突出重点。如快速跑的教材重点是途中跑，而途中跑的重点是后蹬，教学中就应着重讲解后蹬技术。在教学中也可运用体育术语和口诀进行讲解，要精讲多练，这样有利于学生正确理解和掌握动作技术。

第四，语言要富有启发性。教师讲解要启发学生的思维，可以通过提问的方式来启发学生的思维，培养学生的思考能力、语言表达能力、分析能力和解决问题的能力，使学生将看、想、议、练、评有机地结合起来，让学生知其然并知其所以然，学会举一反三，触类旁通。问题要符合学生的认知规律，要明确具体，教师要根据教材的内容和特点，精心设计富有启发性和思考价值的问题。

第五，注意讲的时机、形式和效果。在教学中，大部分的时间是让学生练习，因此，要注意讲解的时机。讲解要在学生面对教师、并注意教师时进行，学生正在做练习，特别是在静止用力或是危险性较大的动作时，教师不宜讲解或一般不要做过多的讲解，以免分散学生的注意力，引起伤害事故。课中的讲解可集中进行，也可个别讲解。

（二）提问

提问是教师和学生以口头语言问答的方式完成体育教学的方法。提问有利于激发学生的思维，启迪学生的聪明智慧，培养学生的思考能力和语言表达能力，也有唤起和保持学生注意力和兴趣的作用，有利于教师及时了解与掌握学生学习体育与健康知识的情况，适时地调整教学过程。

1. 提问的方式

在体育教学中，提问基本可分为传授新知式问答、巩固复习式问答、总结归纳式问答三种方式。

（1）传授新知式问答，是教师依据学生已获得的知识经验，引入新的问题，学生在思考上结合运用已有的知识经验回答问题的方法。

（2）巩固复习式问答，是教师依据学生已经学习过的教学内容，检查了解学生的掌握情况，巩固已学过的内容，学生回答问题的方法。

（3）总结归纳式问答，是教师在结束一个课题或一个部分教学前，引导学生提出问题，教师进行回答；或反之，教师设问，学生回答，并在此基础上进行概括总结与归纳的方法。

2. 运用提问的注意事项

（1）问题的提出要有针对性。应紧紧围绕教学目标的知识点，抓住教学的重点、难点；要切合学生的实际水平，避免提问一些怪题、偏题，以防止打击学生的学习积极性和自信心。

（2）问题的提出要有一定的启发性。要善于运用设疑激疑的方法，启迪与激发学生积极思维，让学生学会举一反三，要鼓励学生提出问题，讨论研究回答问题，利用学生已有的知识经验对所提出的问题进行分析、判断、思考与回答。

（3）问题的提出要注意方式方法，善于捕捉提问的最佳时机，精心设计好提问的程序，由浅入深，由易到难，由简到繁。多采用思考性问题，少用事实性问题，教师提问时态度要和蔼，循循善诱，创设一个宽松和谐的学习环境。语言要精练，简单明了，防止出现模棱两可的情况，对一些较难的问题给学生一定的思考与讨论时间。

正确地运用语言与提问，除以上两种形式外，其他的语言形式在课中也要有针对性地运用，如进行队列练习、队形变换、做体操时，要运用口令；在做支撑跳跃时，通过语言提示学生快推手；按教学标准对学生的行为表现、练习完成情况以口头方式进行评价等。总之，应充分利用各种形式的语言，达到良好的教学效果。

二、体育教学的反馈与调控

（一）反馈与调控的主要作用

反馈是控制论的重要概念，是指操作物按操作中心的指令活动，其本身的状态又作为一种新的信号返回，使操作中心对操作施以调节。控制论认为，任何操作只有通过反馈才能进行得更确切，才能实施更有效的控制，从而达到预期的操作目的，这一原理具有普遍意义。对于体育课堂教学，教师既要把知识信息有计划地传输给学生，还应随时接收来自学生的反馈信息，由此对自己的信息传输进行调节，对学生的信息接收实施调控。学生不仅接收教师传输来的信息，而且输出反应信息，再接收来自教师和学生的反馈信息，一边加工贮存，一边调节自己的后续学习。

控制论的基本思想是：一个控制系统，其信息通道必然是一个闭合回路，控制部分既能控制信息输入到受控部分，受控部分也能反馈信息回送到控制部分，形成一个闭合回路。在体育教学中，反馈与调控的主要作用表现在：

（1）教师接收学生反馈的信息来诊断教学的效果。

（2）学生输出反应信息后，适时从教师或学生的反馈信息中得到肯定的评价，使刚产生的认识得以确认，从而促进知识的接收。

（3）教师根据学生的反馈信息，随时反思自己原来的教学方案，调整课时计划，改变教学组织形式。

（4）学生根据教师或周围的同学反馈的信息，发现自己认识的误差，变换思维方式，改进学习方法。

（5）一方面，课堂反馈与调控的有效实施能有效调动、激励学生和教师两方面的非智力因素。学生积极思维所输出的信息得到了应有的评价，就会从中获得求知的快乐，增强自信心；另一方面，教师从学生用心听讲的神态和对问题的正确作答中，受到鼓舞，也会从学生某些不适的反应中进行自检，努力改进教学工作，从而达到最优的教学效果。

（二）体育教学中反馈与调控的运用

反馈与调控始终贯穿体育教学过程中，主要运用在体能教学、技能教学、体育教学方法、组织措施中。一般情况下，教师是根据教学要求来确定授课时数、授课难度、授课数量的。但这只是一种预先理想的设定，与体育教学不断变化的实际情况并不完全一致，这就要求教师根据学生反馈的信息，不断地改变调整预先设定的教学计划，因时而变，因势而变。在学练运动负荷量（强度、密度、时间）、学生心理情感变化之间获得最大的教学效能。

体育技能教学中，由于技术教学是一个长期过程，不可能在一两次课中掌握，因而在进行技术教学中必须遵循动作技能的形成规律。在体育教学中，学生学习某一种技术动作的初级阶段，教学中应充分利用视觉反馈信息，加强讲解、示范与模仿练习。此阶段的教学重点就是细心观察学生在模仿练习时的情况，采取示范、示错、慢动作分解法，及时提醒学生进行自我反馈，帮助学生加速建立完整的、正确的运动表象，树立正确的动作概念，并通过反复分化练习，以达到运动技能的稳固定型。随着学生对所学技术由会到熟练过程的发展，教师在教学中应多采用提问法来加速学生对动作概念的理解，强化运动表象。例如，铅球的用力顺序是蹬、转、顶、挺、推、拨，并结合学生示范，使学生注意力集中到动作难点及关键环节上，让学生在练习中进行自我反馈，在多次重复练习中掌握和巩固正确技术。到技术动作精细阶段时，教师在教学中应多用语言反馈信息，启发学生思维，了解动作内在联系和有关科学道理，加深对教学主要内容的理解，通过反馈强化，养成学生根据反馈信息对动作进行分析、校正的能力。

体育新课的教学组织是一项十分复杂的工作，教学组织工作是否合理、严谨，会直接影响体育课的教学质量。因此，加强体育课组织工作研究，对于实现教学目标、提高教学效果有重要作用。这就要求教师在捕捉、接受学生的反馈信息后，应及时采取有效措施。体育新课的组织有理论课的组织和实践课的组织两种形式。在理论课的课堂组织中，对学生传递过来的信息，教师既要及时改变组织形式，调动学生的积极性，又要因势利导，给予学生的反馈信息应具有启发性。由于实践课多在操场和体育馆里进行，环境变化多，学生受环境影响，情感变化也多，教学中经常发生突发事件。因此，教师的应变能力是反馈调控技能的重要内容。对信息的恰当处理和反映，快速而正确的组织措施是一个体育教师保证课堂安全的必备能力。此外，针对学生的课堂表现，采用不同的教学组织形式，确定使每个学生都获得学习的需要。同时，教师及时地反馈信息给学生，使学生明白教师的组织意图，保证教学活动的顺利开展。

教师和学生之间的信息交流是教学任务能顺利完成的关键，双方之间信息交流面越广、越频繁，所产生的教学效果就越明显。在实际教学训练中，教师要注意发挥主导地位的优势，既要输出准确的教学控制信息，又要捕捉准确的反馈信息，使教学训练任务更加科学合理地完成。这种对反馈信息的处理与调控的能力贯穿教学活动的始终。反馈与调控活动是一个动态连续的过程，不存在各部分的割裂。在教学过程中，关于学生体能技能信息的反馈是教师改变教学方法和组织措施的依据，改变教学方法和组织措施后所收到的效果反馈又是教师确定下一计划的前提。因此，上述几方面是一个相互关联的有机整体。所以，提高教师的反馈调控能力，既是体育教师在体育课程设计能力上的体现，也是提高体育教学质量的保障。

三、体育教学的演示与板书

（一）演示

演示是教师在体育教学中通过直观教具和模型的展示，即利用挂图、人体模型、战术板、图片等道具，另外也可运用电影、幻灯、投影、电视、录像、电脑等电化教学手段，显示练习动作的结构、过程、关键和时空特征，帮助学生获得感性认识的教学方法。

1. 直观演示

直观教具和模型往往是静态的，它能更长时间、更清楚地显示各个阶段的动作结构和整个过程。通过人体模型的演示，能帮助学生了解动作的技术要领；采用战术板来演示各种战术配合，有利于战术教学。

电化教学能够以不同的速度、不同的角度，准确、完整、清楚地显现动作，有助于学生尽快建立正确的动作表象，理解动作的内在联系，对提高动作教学效果有积极的作用。在运用演示时，要目的明确，时机恰当，注意讲解与演示的有机结合。

直观法是指在体育教学中，通过对事物或直观教具的演示，使学生利用各种感官直接感知客观事物或现象，从而获得知识的教学方法，它具有鲜明的形象性、具体性和真实性。合理运用直观法，有助于学生了解动作形象、结构、要领、时空关系等，并建立正确的动作表象。实践证明，直观法不仅能理论联系实际，为学生运动技能的学习提供丰富的感性材料，而且还能激发学生的学习兴趣，提高教学效果。

2. 动作演示

动作演示是教师或教师指定的学生以自身完成的动作为范例，用以指导学生进行学习的方法。轻快、优美的动作示范，不仅可以让学生建立正确的动作表象，了解所学动作的形象、结构、要领和方法，还能激发学生的学习兴趣，增强学生学习的自信心。

（1）示范要正确。动作示范是学生建立正确动作表象的重要信息源，对学生的运动技能学习具有重要的作用。教师的示范应是动作的典范，力求做到准确、熟练、轻快、优美。准确是指示范要严格按动作技术的规格要求完成，以保证学生建立正确的动作表象。轻快、优美是指动作示范要生动、美观和诱人，它不仅可以激发学生的学习兴趣，也有助于学生消除畏难情绪。

（2）正确选择动作示范的位置与方向。示范的位置和方向如何，会影响示范的效果。示范位置的选择要根据学生的队形、动作结构的特点和安全要求等因素来决定。通常是动作幅度大，移动距离长，速度快的示范位置较远；动作幅度小，移动距离短或在原地展现动作细节的示范位置较近。由于体育运动的特点，因此，根据不同的运动动作采用不同的示范面，示范面有正面、背面、侧面和镜面。

正面示范：教师面对学生站立所进行的示范是正面示范，一般用于显示左右动作，如篮球防守中的左右移动。

背面示范：教师背向学生所进行的示范，一般用于动作方向与路线变化较多、动作比较复杂的动作，以利于教师的领做和学生的模仿，如武术等。

侧面示范：教师侧对学生站立所进行的示范，一般用于显示前后运动动作，如跑步中的摆臂动作和腿后蹬的动作。

镜面示范：教师面向学生站立进行与学生同方向的示范，一般用于动作比较简单，便于教师领做，学生模仿，如广播操及简单的徒手操等。

此外，示范位置与方向的选择还要考虑到其他因素，如阳光、风向、周围的环境等，不要让学生面对阳光或迎着大风，尽量避开繁华、喧闹和有特殊物的方向，以便集中小学生的注意力。

（二）体育室内课板书

板书是体育室内新课教学的重要组成部分，是传递教学信息的有效手段，是教师口头语言的书面表达形式。要上好一堂体育与保健理论课，板书设计是一个不可忽视的环节，好的板书不仅能够简明扼要地反映教学的内容和程序，引导学生理解和掌握知识，而且能激发学生的兴趣，启迪学生的思维，起到画龙点睛的作用。

1. 板书的主要形式

板书的形式多种多样，归纳起来大致有如下几种：

（1）提纲式。这是一种提纲挈领展现讲授内容的形式，这种形式纲目清楚，排列有序，便于学生记录和复习巩固。如讲"小学体育的目标和任务"时，可做如下板书：

目标：增强体质。

任务：全面锻炼身体。

（2）层次式。这是一种伴随讲授过程、有秩序的板书形式，这种形式层次分明，结构严谨，可以给学生留下完整的印象。

（3）语词式。这是一种在讲授过程中，逐步写出重点句子和语词的形式，这种形式要求教师精选关键的句子和语词，以引起学生的注意，开拓学生的思路，增强对教学内容的理解。

（4）对照式。这是一种运用纵向和横向比较来说明问题的形式，通过比较可以使学生了解事物之间的异同及其内在联系，加深对事物的认识。

（5）贯穿式。这是一种线条贯穿教学重点的方式，这种方式一线贯通，直观形象，可以引起学生的注意和思索。

（6）综合式。这是一种综合运用以上几种板书的形式，教师如能根据教学内容和教学对象的实际情况加以灵活运用，可以收到较好的效果。

2.板书的应用要点

教师在设计板书时还应注意以下几点：

（1）要注意目的性，板书要体现教学意图，落实教学要求，突出教学重点、难点。

（2）要注意精练，板书要加工提炼，字斟句酌，使之简洁概括，言简意赅。

（3）要注意有序性，板书要随着讲述一次出现，讲写结合、边讲边写、配合默契，并注意位置排列，布局合理。

（4）注意规范，板书字迹要清楚工整、美观大方，不要写草字，更不能出现错别字。

第三节　巩固新课

当一节体育课经过了良好的引入、精彩的展开，在即将结束时，也应当有耐人寻味的结尾。高超的结课技能如画龙点睛般为整个课堂平添异彩，起到概括、梳理、深化当堂内容的作用。同样，对一个阶段的体育教学来说，师生也必须"学而时习之"，通过作业、练习、复习、测试等方式巩固新授课的成果。

一、体育结课技能

（一）体育结课的主要作用

体育结课技能是教师在一个教学内容结束或一节课的教学目标终了时，教师有目的、有计划地通过归纳总结、重复强调、实践等活动。结课技能不仅应用于一节课的结束，一项技术的学习结束，也经常应用于相对独立的单元教学阶段的结尾。教师利用一节课最后几分钟对整堂课内容进行收尾处理，也包括教学过程中对不同教学内容承上启下的处理方式。结束时间通常在5分钟以内，虽然短暂，却十分重要，它不仅对教学内容起着概括、提炼、升华的作用，而且具有促进学生对教学内容深入理解，培养学生思维能力、激发求知和学习兴趣的作用。

（1）完善认知结构。结束教学内容时，教师引导学生动脑、动手、动口，用简明的语言或文字、图表等形式概括新知识的结构和主线，强调学习重点、明确关键部分、揭示体育技术、知识的内在联系或逻辑关系，引导学生对所学体育技术、知识做简要的回顾与整理，弄清技术的关键，帮助学生加深理解、认识本质、掌握规律，完成一堂课的体育学习目标。

（2）突出学习重点。体育课堂教学中，学生容易产生练习疲劳，注意力涣散，在一段教学内容或一堂课在临近结尾时，教师通过巧妙的结尾，可以激活学生的情绪状态，吸引学生注意力，使所有的学生都把注意力集中到一堂课最重要的教学内容上来，弥补中间学习过程的不足之处。

（3）消除学习疑点。在体育课的结尾，适时地对容易混淆的动作概念进行对比，帮助学生搞清楚不同动作概念的区别与联系，加深学生对所学概念的理解，充分暴露学生的学习疑点和学习困难，及时小结归类，对疑难问题做到节节清，减轻学生体育学习的负担。

（二）体育结课的常用方法

体育结课方法运用是否合理、科学，不仅是衡量教师教学艺术水平高低的重要尺度，更是提高体育课教学效果的有效途径。为此，体育教师应依据教学内容、教学目标和学生对知识、技能的掌握情况，精心组织并选用不同的结课方法。

（1）回顾纲要法。在讲课结束前，教师把当堂所讲的知识、技术动作、技能等，做简要回顾，把重点、难点和要点等纲要性的知识拿出来突出强调，帮助学生把所学知识与技能进一步系统化。这种方法多用于新授的课目，如在学习蹲距式跳远的结束部分，可运用回顾纲要法引导学生回顾蹲距式跳远的技术结构是由哪几个环节构成的？其关键环节是哪个？重点、难点是什么？要点有哪些？从而加深其印象。

（2）归纳概括法。这种方法侧重于帮助并引导学生用准确精练的语言或简单明了的图表等方法，对课堂教学的内容进行归纳、概括，突出重点，消化难点，以加深学生对知识和技能的理解与运用，起到突出主题的作用。采用这种方法可以是当堂课，也可以是有联系的几堂课。如在头手倒立教学结束部分，教师可对其动作要领再进一步地归纳概括，也可用口诀将头手倒立动作要领归纳为："两手前额同时撑，组成等边三角形，含胸提臀腿慢起，骶腿伸直挺如松。"这样归纳概括有利于学生掌握完整的动作要领，便于记忆、巩固和运用。

（3）比较分析法。体育教师采用提问、列表等方法，帮助并引导学生将新学的体育知识和技能与原有的体育知识与技能进行比较分析，让学生明确它们之间的内在联系或相同点，进而找出其不同特点，使学生对课堂教学内容有一个更准确的把握与运用。这种方法多用于小结课或复习课。

（4）巧设悬念法。教师在结束授课时，借鉴古典章回小说巧设悬念的手法，结合教学内容，巧妙地设置必要的悬念，让学生"欲知后事如何"时突然中止，对富有启发性的问题在课后主动去思考、探索，对学习新知识与新技能产生强烈的动力，从而使这节课的结束成为下次课的开端，架起沟通新课的"桥梁"。这种方法多用于前后两节课在教学内容和形式上有密切联系的课中。如在学完双杠的杠端跳起成分腿坐之后，下次课将学习双杠的杠端跳起成外侧坐。在结课时，教师可运用巧设悬念法，向学生提出"悬念"："我们已经学习了双杠的杠端跳起成分腿坐的动作技术，那么，双杠的杠端跳起成外侧坐应怎么做？有哪些动作要领？"这时，学生往往会产生跃跃欲试、积极探究的心理。教师还可以进一步点拨："外侧坐的动作技术必须在这一节课的基础上进行，等下次课我们再一起学习。"这样，通过"悬念"，学生上完这节课，还盼望下节课。

（5）首尾呼应法。在课堂教学结束时，呼应开头提出的问题，给学生一个清晰、明确的答案，使学生全面、准确地把握教学内容。

（6）以疑激趣法。体育动作技术、技能的教学，有时较机械也较抽象，为使学生在课后进一步主动探索与练习，在课堂教学结尾时，可有意为学生巧设疑点，激起学生课后积极探索和练习的强烈兴趣。这样做可以培养学生分析和解决问题的能力。

（7）引导观摩法。在体育课堂教学中，有些教材尤其是球类的技战术配合与应用，光靠课堂讲授、示范与练习是不够的。教师在结课时，应引导、提示学生在课后积极观摩有关体育活动或体育比赛，并通过不断观摩与学习，培养学生的体育兴趣与体育锻炼意识，以及主动学习的能力。

（8）评价激励法。在课的结束部分，教师除对教学内容的重点、要点进行总结概括外，还可根据课的教学目标对学生的练习纪律、身体练习的效果等进行客观地分析与评价。教师应遵循"罗森塔尔效应"理论，多从学生获得的成绩与进步方面，用积极的、富有激励性的评语，激发学生上体育课的积极性。当然，对学生出现的错误也要进行适当的批评，以达到激励学习的目的。

（9）整理活动法。在体育课中，学生参与各种练习会引起机体各部位不同程度的疲劳。在课的结束部分，应选择与刚结束的运动性质相衔接的内容作为整理活动内容，如缓慢的跑步、自然的深呼吸、自我或相互按摩、简单的小游戏等，使身心得以恢复和放松。

（三）体育结课的基本要求

一是提供心理准备。教师用明确的语言告知学生教学已经进入结束环节，唤起学生的有意注意，把精力集中于教学重点和教学难点，实现学习体育的系统化、结构化，做好主动参与总结归纳的心理准备。

二是强化重要的部分。结束环节形成的结论可通过文字的形式来呈现，这样才能给学生留下深刻的印象。呈现方式主要是板书，或者是在多媒体中以醒目的文字加以强调。

三是发挥学生的主动性。结束意味着学习目标基本达成，这时让学生小结归纳学习内容，可以检验学习效果。从信息的流动方向来看，前面的学习主要是信息输入，结束时让学生总结归纳是信息输出，这样可以形成信息传输的回路。

四是组织练习。归纳整理以后，针对教学重点和教学难点做巩固练习，可以增强教学效果。练习的形式多种多样，巩固练习的时间可长可短，如果时间较多，可以增大练习量；如果时间不够，这些练习就留做课后作业。

五是创设结束情境。教师根据教学内容、教师风格和学生特点，结束方法切忌单一乏味，要注意翻新花样，有所变化，富有个性。运用丰富多彩的结束技巧给学生带来体育学习的乐趣，提高学习兴趣，增强学习动机，有利于身心健康。

二、体育练习课的教学

体育练习课的教学目标主要是在教师的组织和指导下进行分解练习和完整练习，发展学生的体能。体育练习课的特点是学习内容比较简单，学生常处于动态的锻炼过程中，其练习的密度高，学生承受的运动负荷较大，对学生的意志品质有较高的要求。在发展学生的体能方面富有成效，并有利于磨炼学生吃苦耐劳的坚毅品质。练习课的练习密度是衡量教学质量的一个重要方面，合理地安排体育课的练习密度十分重要。

（一）体育练习课的教学策略

第一，组织结构要严谨。教师充分利用一堂课 45 分钟的时间，必须周密考虑练习课中的各个环节来合理安排时间，使学生有较多的时间进行练习。因此，教师除对教材做到深刻的理解之外，必须全面考虑场地与器材的布置、分组的安排、队伍的调动，各个部分的内容选择都要根据基本部分的内容、任务和学生的实际，使之前后很好地衔接。做到从课的开始到结束部分有次序地顺利进行。

第二，突出精讲多练。教师精讲要正确，突出重点，层次清楚，语言精练，才能保证有足够的时间给学生多练。因此，教师必须熟悉教学目标，吃透练习课的练习内容，还必须充分了解学生的接受能力，有的放矢地进行指导，讲解要注意语言形象、直观、主动。

第三，充分运用启发式。启发式教学能激发学生练习、锻炼的积极性，是提高学生分析问题和解决问题的能力途径之一，教师启发用得好，能使学生在最短时间内明确练习内容。启发有语言启发，用语言讲解比喻，使学生了解动作要领；启发也有示范性启发，可用各种教具、挂图、模型、录像等，以及教师本身动作的重点示范。

第四，多采用连续教法。教师边示范，学生边练习，教师边提示，学生边纠正。这种方法既能提高学生注意力，又能训练反应。特别在准备活动进行徒手操练时，因动作一般比较简单易行，更显得实用。教师进行领做，学生跟练，不必进行示范讲解而后再做（个别复杂动作例外），既能节省时间，又能增加课堂的练习密度。

第五，合理运用循环练习。循环练习能解决器材不足、人数多的矛盾，加大运动量和练习密度；动作多样，能激发学生兴趣，调动锻炼的练习积极性，并能减轻学生的生理负担，促使身体全面发展。

总之，练习密度并不是越大越好，而是要适宜。所谓适宜，就是要有利于全面完成体育课的教学。练习密度过小，学生在课上看的时间多，练的时间少，不利于增强学生的体质和掌握运动技能；练习密度过大，练习占用的时间过多，又会影响教学目标的完成。再者，小学生正处在生长发育时期，练习密度过大，缺乏必要的休息和恢复，就会造成学生身心过于紧张，对健康不利。

（二）体育练习课教学的注意事项

学校体育是全面发展教育的一个重要方面，因而体育课不像语文、数学等课那样，只需要掌握相应学科的教学内容和实现相应学科的教学目标。换句话说，学校体育的基本目标，主要是通过体育课等途径实现的。

一是建立健全组织。为了保证体育练习课教学的顺利进行，教学必须有严密的组织指导和骨干力量。学生需要分成若干个练习小组，要明确各小组长的职责，同时要注意培养技术骨干。有了这样的组织就可以克服教师本身忙得团团转的现象，使教师把主要精力放在指挥全局、完成练习课的主要目标上。

二是要有严格的组织纪律。练习课要提高课的练习密度，一定要有严格的纪律。练习顺序、轮换项目、保护帮助的次序、分散练习和集中讲解的队形、位置，都要有板有眼，明确规定，动作迅速，纪律严明。

三是教学目标要明确。教师上课时，目标提得必须明确、具体、可行，而且要落实到每个人身上。练习课的任务要在不同阶段逐步地明确提出。

四是节约讲解与示范时间。教师把准备活动的动作编成套，连续不断地做，这样可以节约许多讲解示范的时间，既可通过多次重复，使学生养成正确姿势，发展学生的体质，又可加大练习的密度，提高教学的效果。此外，可以根据练习课学习内容的需要，编成若干，轮换选做。

（三）体育教学中身体素质的练习

体育教学中的身体素质练习，是教师设计的训练目标和训练方法，引导学生进行练习，发展学生的身体素质。体育课实施"课课练"，可阻止学生身体素质"滑坡"，体育课教学活动应特别强调学生身体素质的提高。

（1）身体素质练习的目的。体育课身体素质练习时必须有计划、有目的，注重实效，把身体素质练习看成是与体育课教材内容相辅相成的一个有机组成部分。当然，身体素质练习的安排要以课的教材内容为依据，从实际出发，做到学生缺少什么就练习什么，使其身体得到全面协调发展。

（2）身体素质练习的内容。身体素质练习应该是体育课必不可少的内容。体育教师要重视身体素质的训练，并根据学生的实际情况，有计划、有步骤地选择练习内容，循序渐进地安排练习难度和数量，严格要求，严格训练，合理地搭配和组合练习动作，采用科学的练习方式，使身体素质练习在体育课上起到应有作用，为提高体育课教学质量，完成体育课教学任务，摸索出一套身体素质练习规律。

3.身体素质练习的安排时机

体育课的进行必须以教材内容安排为主，身体素质练习虽然也是教材内容，但不能算作一堂课中的主教材。因此，身体素质练习在体育课的安排上是处于辅助地位的。至于安排身体素质练习的时机问题，每一位教师都有自己上课的特点和风格，但都应尽量使身体素质练习的安排时机科学合理。体育课身体素质练习一般安排在体育课前与课的结束前。

（4）身体素质练习的运动负荷科学合理。一堂课运动负荷的规定标准，必须注意由少到多，由小到大，逐步提高，只有这样才能达到提高身体素质的目的，促进学生身体素质的全面协调发展。

三、体育游戏的教学

在实施小学体育课程改革中，体育游戏在体育教学中已被广泛运用，许多游戏素材更多地进入体育课堂。在实际教学中，应结合教材内容，依据体育教学目标、小学生特点和教学实际条件，来设计和组织好游戏活动。

绝大多数竞技运动项目都源于民间游戏，在流传的体育游戏的基础上，经过进一步的总结综合，重新设计，并在实践中不断完善，发展成为今天这种具有自己内在规律和特点的竞技运动。

在体育游戏的本质属性中，既有游戏的特点，又有体育的特征。对其本质属性可以概括为：体育游戏是以身体练习为基本手段，以增强体质、娱乐身心、陶冶性情为目的的一种现代游戏方法。

（一）体育游戏的分类与特点

1. 体育游戏的分类

按人体基本活动能力分类：人的基本活动能力是指人的基本活动技能。按人体基本活动能力分类，可把体育游戏分为：行走类、奔跑类、跳跃类支撑类、负重类等。这是以活动中的动作特征为划分依据。

按发展身体素质的任务分类：身体素质是人体在体育活动中所表现的各种机能能力，它是人体从事各种体育活动的物质基础。按身体素质分类，可把体育游戏分为力量类、速度类、耐力类、灵敏类、柔韧类等，这是以活动中对提高和发展某项身体素质所产生作用为划分依据的。把活动与提高体能直接结合，可了解活动过程中动作产生的直接作用。

按运动项目分类：借鉴现有的运动项目以及各运动项目的技术特点作为分类的基础，如田径类、体操类、篮球类、足球类、排球类等。由于游戏的活动方式、场地、器材等与相应运动项目有关，因此这种分类使活动形式、场地、器材都较为明确，同时也适于作为相应项目练习的辅助练习内容选用。

按课的结构分类：课的结构是指构成一节课的几个部分，各个部分的教材顺序、组织教法和时间分配等。如准备部分的集中注意力类，基本部分的提高兴奋性类，结束部分的整理放松类等，以认识事物的一般规律和人体生理机能活动能力变化规律为划分依据。

按活动的形式分类：活动形式是指体育游戏的表现形态，按活动的形式分类为角力类、追拍类、接力类、变异类、综合类等。体育游戏的活动形式一般都具有较强的特异性，这样可以较清楚地区分某种体育游戏所采用的活动形式。

2. 体育游戏的特点

如何将体育游戏科学合理地穿插到体育教学中去，使全体学生能在愉快、规范的要求下完成体育游戏活动中的各种练习，以达到增进身心健康、增强体质、提高社会适应能力的目标。体育教师一定要深入了解并掌握各类游戏的特点，以指导自己灵活多变地创编各类体育游戏。

根据多年的教学实践，我们认为体育游戏应突出以下八个特点：

（1）具有突出的思想教育的特点。小学生是人生观、世界观、价值观形成的大好时机，运用体育课堂中各种体育游戏教学的方法与手段，不仅具有锻炼身体的价值，而且还具有突出的思想教育的价值。因此，体育游戏可以促进全体学生身心的全面发展，体育游戏的内容方法、组织形式等有机结合，融为一体，寓教育于游戏之中。

（2）具有显著的锻炼身体的特点。锻炼身体是体育游戏最本质的特征，所有的体育游戏都具有健身强体的突出效果。在体育游戏的练习中，可以根据学生的年龄、性别、实际活动能力、学校场地器材等因素，确定游戏中合理的运动负荷、技术难度和活动方式以达到锻炼身体的目标。

（3）具有师生共同参与的特点。在体育游戏的教学中，教师充分发挥教学中的主导作用，学生充分发挥在学练中的主体作用，有利于课堂良好学练氛围的形成，极大地调动学生参与学习的积极性。

（4）具有非常明显的趣味性特点。趣味性是体育游戏的显著特征，由于体育游戏是一种师生共同参与，更多的是教师与学生自编自创的活动，没有任何压力，参与者都可以轻松、自由、平等地参加活动，使其将活跃起来的心理功能得到发挥，满足人们情感、生理上的各种需求。

（5）具有合作性的特点。在体育游戏的教学中，教师与学生、学生与学生构建出民主和谐的氛围，能产生一种强大的合力，促进学生学习的积极性、主动性，"产生 1+1 ＞ 2" 的体育学练效果。

（6）具有实用性的特点。体育教学中运用的游戏能适合学生的年龄、生理、心理特点，方法简单明了，场地不受限制，容易开展，有很强的实用性。

（7）具有安全性的特点。在体育游戏教学中强调安全，制定预防安全措施的具体方法。在游戏活动中，一般运动负荷由小到大，运动难度不高，本身就有利于安全。

（8）具有强烈的体育竞争特点。体育游戏教学中具有一定的竞争性，但体育游戏的竞争与奥运会体育竞争有本质的区别。竞技体育竞争特点是在统一严格的规则制约下，只有体能好、专项技术战术水平高的人才能在竞争中获胜。而体育游戏活动由于方式有较大的变通性，竞争的内容可以随时变通，因此，出现的结果也是多样的。体育游戏的这种竞争性可以使弱者有成功获胜的可能，给强者提出了新的挑战，只要全力以赴，参加者都有希望取得胜利。

（二）体育游戏教学的注意事项与误区

1. 体育游戏教学的注意事项

（1）贯穿思想品德教育。体育游戏中始终贯穿思想品德教育和学生意志品质的培养，这应是体育游戏的核心与重点。没有思想教育内涵、缺乏对学生意志品质培养的体育游戏活动是失败的体育游戏，是不可取的体育游戏。

（2）明确的针对性。体育游戏的运用应从体育课的目标出发，结合学生的身心特点与教学需要，有目的地选择，不能为了游戏而游戏。如果盲目地、缺乏针对性地应用体育游戏，会削弱体育游戏的教学效果。

（3）突出重点精讲。体育游戏的讲解应根据体育游戏的特点、学生的接受能力，重点可集中在体育游戏的关键环节或易出现的错误上，突出对规则方法的讲解，突出安全教育。

（4）调控教学节奏。体育游戏的内容丰富，形式多样。要合理安排好顺序、组织形式及时间分配，应从课的目标出发，根据体育教学规律、学生情况和每个学生的特点，使体育游戏教学先后有序、张弛有度、快慢相宜。调控好体育游戏的教学节奏，有利于小学生身心的全面发展。

（5）区别对待。体育游戏以集体、班组的形式进行，这并不代表可以忽视学生的个别差异。应从教学目标、内容的选择、组织形式等环节，做好区别对待，分层完成体育游戏教学的任务，使全体学生都能享受成功的快乐。

（6）课前充分准备。认真进行体育游戏的课前准备是完成体育游戏的重要因素。做好课前准备，可以节省体育游戏讲解示范的节奏、节省体育游戏活动的时间，还可以提高学生参与体育游戏的兴奋性。规范体育游戏的活动范围，有利于教师对学生的指导，有利于学生间的相互学习，共同提高。

（7）教具的准备。认真备好体育游戏的教具是非常重要的，在充分利用现有资源的基础上，尽可能利用废弃的饮料瓶、旧报纸、旧轮胎等制作成教具，还可以动员学生自制沙包等器材。

（8）"小干部"助手的作用。体育课堂上准备2～4名体育"小干部"作为开展体育游戏的助手，对完成体育游戏的示范、讲解、练习都能起到重要的作用，必须在课前安排好。

（9）适宜的运动负荷。体育游戏教学要安排合理的运动负荷，才能有利于教学目标的完成，才能有利于学生的身心健康。决不能认为体育游戏的运动负荷随心所欲，更不能认为体育游戏的负荷越大越好。在体育游戏的教学中，既要考虑到学生参加体育游戏负荷的有效性，又要考虑到学生对负荷的承受力。合理地运用教学的组织形式、方法手段以及场地器材等因素，安排好体育游戏的次数、时间。

（10）安全措施到位。体育游戏中一定要加强安全教育，要有加强安全措施的具体办法，使学生在规范、安全的环境中快乐地完成体育游戏的任务。

（11）注重评价。体育游戏的评价对教学效果起着画龙点睛的作用，忽视和评价不到位，都会影响到体育游戏的教育教学效果。

2. 小学体育游戏教学中的常见误区

（1）安排每一项体育游戏活动没有明确的目标，随心所欲的现象时常出现，失去了体育游戏的多种功能。

（2）安排游戏活动与主教材的教学毫无关系，使一节体育课的分段教学中出现明显的断层现象。

（3）安排的体育游戏活动特别烦琐，表现出场地要求过高、过大，器材要求过多、过好，不具备推广价值。

（4）安排的体育游戏活动内容过于复杂，讲解示范用去的时间太多，学生不能一目了然地明确游戏的规则、方法、要求，操作起来很困难。

（5）安排的游戏活动缺乏明确具体的思想教育和对学生意志品质培养的内容，出现为了做游戏而做游戏的现象。

（6）安排的体育游戏致使少数人在参与活动，多数人则在看望的情况，明显出现运动负荷不均等问题。

（7）安排的体育游戏出现许多不安全隐患，比赛规则不具体、游戏要求不严谨、场地器材准备不充分，学生经常是在模糊中进行游戏练习，时常发生游戏中的伤害事故。

（8）安排的体育游戏，教师在指导时站位不合理，甚至出现在一旁观望的现象。

（9）安排的体育游戏活动缺乏竞争性、合作性、评价激励性的特点，使体育游戏的功能特点不能充分地得到发挥。

（10）安排的体育游戏活动存在许多低龄化或成人化的现象，与学生的生理、心理特点不相符合，缺乏体育游戏的创新性。

（三）小学体育游戏教学中的创编

在体育教学中，创编体育教学的原则有以下几方面：

第一，创编的体育游戏活动，练习时间可以灵活掌握，练习的时间可以长一些，也可以短一些。如"穿针引线"游戏，可以练习 3 ~ 4 分钟，也可以练习 5 ~ 7 分钟。

第二，创编的体育游戏活动，练习的场地可以灵活掌握，运用的场地可以大一些，也可以小一些。如在"圆周接力赛"中，圆周的直径可以长一些，也可以短一些。

第三，创编的体育游戏活动，在讲解与示范的过程中，操作要简练，使学生一听就明、一看就知、一练就会。

第四，创编的体育游戏活动，学生在练习中运动量可以灵活掌握，运动量可大一些，也可以小一些。如"折返跑"游戏，学生可根据自己的身体情况选择折返跑的距离。

第五，创编的体育游戏活动，学生在练习中运动强度也可灵活掌握，运动强度可大一些也可以小一些。如"跳栏"游戏，学生可根据自己的身体情况选择栏架的高度与每组跳栏的次数，跳过栏架的高度高、栏架的次数多，运动强度就大；反之则运动强度小。

第六，创编的体育游戏活动，要充分体现体育竞争性强的特点，要激励学生在体育游戏练习中有强烈的竞争意识。如"篮球半场三对三比赛"游戏，要求以积分多少来评价，以鼓励学生勇于竞争。

第七，创编的体育游戏活动，既要能适合全体学生参与，又要能根据学生的个体需求安排较高或较低的练习目标与练习内容，使水平高与水平低的学生都能达到体育游戏活动的目标。

四、体育测试

（一）体育测试的意义表现

体育测试是推动和促进学生健康成长的手段之一。我们应面向全体学生，以全面增进小学生身心健康，提高学生的综合素质为目的，把培养学生的创新精神、自我实践能力和终身锻炼身体的能力作为测试追求的目标。

体育测试与评价考查学生实现课程目标的程度，为学生提供反馈信息，从而有效地促进学生的发展；体育测试与评价为教师提供信息，检验教师的教学，促进教师改善课程设计，完善教学过程，有效地促进教师的发展；体育测试与评价为学校和主管部门提供真实的信息，了解课程目标实现程度，对教学过程和结果实施有效的监控，促进教学管理不断完善和发展；通过体育测试与评价，发现新典型，总结新经验，树立正确的导向，引导学校和教师进行体育教学改革。

我们需要明确三个基本观点：一是实施素质教育，推进新课程改革并非不要测试与评价，问题是以什么样的评价观、质量观去评价，测试与评价是课程改革重要内容之一；二是不要过分强调评价的甄别和选拔功能，并不意味着不要选拔和甄别，它依然是评价教师工作业绩的重要指标之一；三是淡化运动技能，但并不是不要运动技能，心理健康和社会适应两大维度的目标都要建立在掌握与运用运动技能的基础上才能得以实现。

（二）体育测试的内容和办法

测试通过评价的导向来培养学生的体育锻炼好习惯。体育测试有体育课程的测试、小学生体质健康标准的测试。体育课程测试的内容包括：体能、知识与运动技能、学习态度、情意表现与合作精神。下面重点介绍小学生体质健康标准的测试。

1. 小学《国家学生体质健康标准》实施方案

根据《国家学生体质健康标准》数据采集上报工作的通知要求，促进小学生积极参加体育锻炼，养成经常锻炼身体的习惯，提高自我保健能力和体质健康水平，结合学校实际情况制订实施方案，其组织机构如下。。

（1）领导小组。

组长：负责总体工作。

副组长：负责协调、检查、督促。

成员：负责各种表格的设计及数据的分析。

各班班主任及体育教师：负责测试、录入小组工作。

各体育教师：负责器材准备工作、安全工作。

医务室：负责医疗工作。

领导小组的职责是负责安排学校按要求开设的体育课，督促体育课规范教学，结合测试标准，加强学生体质训练，组织人员开展学生体质达标测试工作，督查实施《国家学生体质健康标准》情况。

（2）测试小组。

组长与成员：各班班主任及体育教师。

测试小组的职责是负责按照方案的要求对学生进行测试和指导锻炼，负责成绩的收集、整理，并对照《国家学生体质健康标准》及评分标准如实填写表册，及时上报录入小组。

（3）录入小组。

组长与成员：各班班主任。

录入小组的职责是负责成绩的录入及学生体质健康测试报告单打印。

（4）工作内容。

1）在规定时间对全体教职工进行培训，各班班主任利用班会课对学生进行宣传。

2）测试小组在规定时间进行测试工作，测试项目按教育局统一规定执行。测试结束后，体育教师对照《国家学生体质健康标准》及评分标准如实填写表册，及时上报录入小组。

3）测试项目必测类：

小学一、二、三、四年级：身高、体重。

小学五、六年级：身高、体重、肺活量。

选测类：

小学一、二年级：投沙包、50米跑；

小学三、四年级：仰卧起坐、50米跑；

小学五、六年级：50米×8往返跑、仰卧起坐、跳绳。

（5）工作要求。

1）测试要统一标准，统一要求。数据的记录要真实，杜绝虚拟测试成绩。表格填写要字迹清楚、工整，不改写，格式正确。

2）针对学生的身体特点，考虑气候、场地等因素，科学组织测试工作，保证学生的身心健康和安全。

3）学校总务处与体育组要对"体育达标"训练的场地、器材进行清理、维护，缺损的器材要及时申报采购与制作，并尽快投入使用，同时要确保训练安全，谨防意外伤害事故的发生。

4）班主任和体育教师要加强对学生的安全教育，无论在校内还是在校外进行"体质健康测试"训练，都要对学生提出安全要求。要利用课间活动和体育课对学生进行体质健康测试及训练的安全教育。

5）测试小组务必认真组织测试工作，并按时将相关表册上报录入小组。

6）测试小组在学校安排时间内完成数据的收集和整理工作。录入小组在学校安排时间内完成学生成绩的录入和相关打印工作。

（6）测试成绩的运用。

根据学生的测试成绩评定优秀（总分90分以上）、良好（总分75～89分）、及格（总分60～74分）、不及格（总分59以下）。测试成绩按评定等级记入《标准登记卡》，列入学生档案（含电子档案），作为学生毕业、升学的重要依据。学生毕业年级的等级评定按毕业当年的成绩和其他学年平均成绩（各占50%）之和评定。测试成绩在良好级以上者方可参与"三好学生"评选。

（7）特殊情况的处理。

因病或残疾学生，确实不能参加《国家学生体质健康标准》测试的学生，应持县级以上医院（不含民营医院）出具的病历等证明材料，向学校提交免予执行《国家学生体质健康标准》的申请。学校应将申请免试的学生名单及原因公示三天以上，经公示无异议、学校体育组签署意见后，将材料存入学生档案。

对确实丧失运动能力，免予执行《国家学生体质健康标准》的残疾学生，毕业时《标准》成绩可记为满分，但不评定等级。对因病免修体育课被批准免予执行《国家学生体质健康标准》的学生，当年不得评为"三好学生"。《国家学生体质健康标准》成绩不及格者，在本学年度（由学校安排）准予补测一次，补测仍不及格，则学年《国家学生体质健康标准》成绩为不合格。

（8）测试保障工作。

学校根据实际情况，加大经费投入，逐步配齐测试器材。要因地制宜做好测试场地的建设工作，为测试工作的顺利进行提供保障条件，保证活动时间，推动经常锻炼。学校保证学生每天有一小时的体育锻炼时间，体育教师要上好体育课、早操或课间操，对学生进行有针对性的体育锻炼指导工作。体育教师要考核学生平时的锻炼情况，对出勤率高、认真锻炼者，可奖励《国家学生体质健康标准》成绩加 5 分，对出勤率低、不认真锻炼者，该学年《国家学生体质健康标准》最高记为 95 分。

（9）安全防范工作。

各班班主任要牢固树立"安全第一"的责任意识。在实施《国家学生体质健康标准》时，要健全各项安全保障制度，落实安全责任制，加强对场地、器材、设备的安全检查，加强对学生的安全教育，提出安全要求。测试前要检查和了解学生身体健康情况，对生病学生实行缓测或免测。坚决杜绝平时不锻炼，测试时搞突击的现象，谨防意外伤害事故发生。

2.《国家学生体质健康标准》测试工作要求

第一，为了做好《国家学生体质健康标准》数据测试与上报工作，根据教育局下发的关于在全小学校全面实施《国家学生体质健康标准》的通知，学校应先后组织分管校长、教导主任会议，布置关于《国家学生体质健康标准》的实施办法及要求。要求切实做好组织领导、制订计划、宣传教育、日常锻炼、测试、统计上报、反馈等各项工作，做好数据测试、报送工作，确保测试、报送数据的真实性和准确性。

第二，培训一支业务过硬的测试人员队伍是提高实施《国家学生体质健康标准》工作质量的关键。体育组召开培训会，对体育学科负责人进行测试培训，主要包括对《国家学生体质健康标准》及实施办法的学习，内容包括测试工作的组织和安全措施、测试的规则、方法和要求、测试结果及评定成绩方法、测试仪器的使用和保养等。

第三，在培训工作中注意理论联系实际，确保操作程序规范，测试方法科学，测试数据准确，以及进行数据上报工作的培训，使数据上报工作能够及时准确地完成。

第四，学校严格按照《国家学生体质健康标准》规定，根据教育局的统一安排测试项目。

第四节　教学反思

体育教师每天从事着教学，每节课后，一个理性的、成熟的体育教师心头总会反思：教学目标实现了吗？师生活动如何？成功在哪儿？失败在哪儿？下一次值得继续研究和改进的地方在哪儿？这样的反思使得体育教学的影响在延续：教师会内心反省，记录课后小结，总结本次课的得与失。这种理论和实践探索使体育教学永远充满改革和创新的色彩。

教学反思是教师以自己的职业活动为思考对象，对自己在职业中所做出的行为以及由此所产生的结果进行审视和分析的过程，"教学反思是教师专业发展和自我成长的核心因素"。体育教学历来重视反思，这种优良传统我们应发扬光大。新课程很强调理性思考，理性思考的一方面来自反思，也是我们在教学过程中对认识规律的尊重，特别是在人本教育思想的影响下，教学反思是我们教育教学成功的关键因素之一。因此，在教育教学中，对整个教学过程进行回顾、分析和审视，我们才能形成自我反思的意识和自我监控的能力，正确地总结教学的成败得失，减小失误，不断丰富自我，提升自我发展能力，逐步完善教学艺术，促进课改的发展。按教学的进程，我们可以把它分为"课前—课中—课后"三阶段的反思。

一、教学反思的意义体现

教师在反思自身教学经验、技能、活动及教学观念，评估教学行为的同时，可激起其专业方面的创新意识。具体来说，教师进行教学反思可促进自身专业发展，提升自身教学水平。

第一，进行教学反思能够充分激发教师的教学积极性和创造性，并为其专业发展提供机会和条件。教学反思鼓励教师通过多种策略和方法审视、分析自身的教育观念及教学活动，充分尊重了教师的主体地位，发挥了教师的能动性、积极性和创造性。教师在教学实践中，可以通过写教学日记、描述解释自己的教学活动、观摩分析教学事件、主动征求同事及学生意见和建议等多种方式反思自己的教学实践，这实际上为提升教师的专业自主权，促进教师的专业发展提供了更多的可能性。

第二，进行教学反思有助于教师逐步培养和发展自己对教学实践的判断、思考和分析能力，深化自己的实践性知识，为形成比较系统的体育教育教学理论提供了有效的途径。教师的知识一般可以分为三大类：本体性知识、条件性知识、实践性知识。

第三，进行教学反思是沟通教育教学理论与教育教学实践，迅速提高教师专业水平的有效方法。教育理论有一个基本假设，即"知而后行"。一个教师在还没有获得教育教学实践经验之前可以拥有教育知识，而且必须先拥有教育理论，才能进入教育教学情境，进行教育活动。因此，教师要进行教学实践，仅仅学习教育理论和学科知识是远远不够的，还必须积极将理论知识应用于教学实践中，力求"知"和"行"的协调一致。因此，倡导教师进行教学反思，就是希望教师能通过对自己的教学活动以及学生的表现做认真的观察、分析和反思，尽量做到"知""行""思"三者一体化，从而有效缩短理论与实践的差距。

二、教学反思的内容和方法

教学反思是教师以自己的职业活动为思考对象，对自己在职业中所做出的行为以及由此所产生的结果进行审视和分析的过程。按教学的进程，我们可以把它分为"课前—课中—课后"三阶段的反思。课前反思使教学成为一种自觉的实践，是教学的前瞻性行为，避免经验主义；课中反思能使教学高质高效地进行；课后反思能使教学经验理论化。教学反思符合人的认识规律，是从感性认识到理性认识的过程，是对体育教学规律的探索与发现，它为体育教学工作提供了"再创造"的可能，是教学创新的基础，教师自我发展的过程。

（一）课前教学反思

课前反思使教学成为一种自觉的实践，是教学的前瞻性行为，避免经验主义。在过去的体育教学中，教师往往习惯于自己的经验和现成教案，甚至有部分教师的教案与实际教学不相符，所谓"教案归教案，教学归教学"，其随意性大得惊人，这种现象在有一定教学经历的教师中居多，这是值得我们反思和关注的。

课前反思包括我们在课前围绕体育教学工作的一系列行为，包括教学目标、计划的制订、教材分析、学生情况的分析、考虑教学环境因素、教学对象等。教师备课时先要对过去的经验进行反思，教学经验往往被看成教师成熟的标志，是一个好的教师必备的条件。但经验对人又有很大的束缚作用，它让我们只看到过去，对未来缺乏展望，我们不但要借助经验，还应把眼光更多地放在未来的课堂上。一是审视自己的教案设计思想是否与新的课程理念相适应，教学目标、内容与学生现在的实际情况如何，分析和把握该课堂的一般与个别、普遍性与特殊性，这是我们反思的重点；二是现有的教学条件是否适应教学，在我国很多的小学体育场地器材资源严重不足，教学班级与人数众多，这就要求我们在这些资源分配上反思与协调；三是对于教学策略，在对现有的教学策略的反思过程中，要求对实际课堂教学的适应性更大，因为体育教师的授课班多，相同年级的不同班有着不同的特点与差异，这就要求我们应有不同的应对方案；四是教学主体丰富多彩的个性差异，这是我们反思的重点和难点。因此，我们在教学设计时，应立足在经验、教训和教学理念、策略、条件，以及学生、班级的基础之上反思。设计教学方案时，还应多问几个为什么：如"本课与上次课的联系多大""是否与学生的兴趣与运动技能相适应""学生在学习中是否得到健康发展"等。总之，在课前进行全面的审视与思考，我们的教学方案才能科学周密地实施。

（二）课中教学反思

过去的体育教学往往忽视课中反思，比较重视教师的应急能力，即会"随机应变"就行了。在体育课程新课标下人们发现，课中反思能使教学高质高效地进行，它的真正意义远远大于随机应变。教学中进行反思，就是及时主动地审视分析自己的教学行为，实时监控自己的教学过程，及时发现问题，修正教学策略，并以联系的、发展变化的观点来观察与解决当前的问题，也是理论到实践的过程。在教学实践中有很多难以预料的因素，如果能很好地把握与处理，也许会有意想不到的效果。当然，课中不断审视分析课的发展变化，反思与修正教学行为，也会提高我们随机应变的能力。

（三）课后教学反思

课后反思能使教学经验理论化。体育教学长期以来强调课后小结，课后小结虽是反思的一种形式，但是课后反思与课后小结相比，在外延上要丰富得多。从概念的逻辑关系上讲，课后反思与小结的关系应是一种"真包含关系"，小结局限于本课的回顾与总结，而课后反思却是从课前—课中—课后，实施全过程的审视、分析与总结，它体现了认识的全过程。一是审视分析教学计划、课的设计，总结课前与课中的得与失以及它们对教学活动的影响；二是反思自己的教学行为与态度，审视自己的行为态度在整个教学过程中是否符合现代教育思想和新课标要求，以及是否适应学生等，这对改进教师的教学行为态度，提高教学水平，培养教师良好的教学行为习惯具有重要意义；三是分析总结课前与课中的反思行为与后果，让这两个反思得到总结，达到较高的认识程度。因此，课后反思活动是一个再认识的过程，也就是所谓的"认识的最高阶段"，即上升到理性认识阶段。这个阶段的反思能更好地指导我们的教育教学工作，也是我们经验理论化的过程。

第五章　小学体育与健康课程的课外拓展

第一节　开展体育课外活动

体育课外活动与体育课教学互相补充，互相渗透，不但有助于学生完成体育课程目标，而且能有效地促进小学生身心的全面发展。课外活动是指在教师指导下的学生课外体育学习的活动，开展的内容应密切结合本校的实际情况和学生的兴趣爱好，才能保证每天锻炼一小时，确保课外活动有效果。

一、体育课外活动的作用

课外体育锻炼是促进健康最积极有效的手段。在体育锻炼中，学生能够体验到如何缓解学习压力，调节紧张的学习节奏，提高学习效率，能够感受到课外活动对全面提高身体各器官系统的机能和不断提升运动技能所起到的效果，领略到课外活动对提高心理素质和社会适应能力所特有的价值，并在体育实践中学会认知、学会做事、学会与同伴共处、学会生存的策略和方法。体育锻炼是小学生走向身心健康、全面发展过程中的必由之路。

体育课外活动的作用体现在以下方面：

第一，增强课外体育实践活动意识是提高学生整体素质的前提。课外体育实践活动是课内教学活动的延伸，是学生身体健康成长不可替代的一项有益的活动，是关系到培养小学生身体素质的大事。因此，增强课外体育实践活动的意识是提高学生整体素质的前提。

第二，建立课外体育实践活动的制度是提高学生整体素质的保证。制度能规定学生的行为，更能激励人奋发向上，使整个社会和个人更加受益。在合理的课外实践活动制度下，学生是身体素质教育的最大受益者。小学各校普遍建立了课外体育实践活动制度，月月有体育活动内容，每周有活动日。学生参与体育锻炼到处可见，建立和完善课外实践活动制度是学生提高整体素质的根本保证。

第三，充实课外活动的健康含量是提高学生整体素质的基础。所谓充实课外体育活动含量，就是既要有健康向上的内容，又要有丰富多彩的形式，内容和形式应高度统一。如果健康内容多，但形式单调，则不能满足学生的心理特点；形式多了，内容少了，多次重复也会感到乏味。因此，不断充实课外实践活动的健康含量十分重要。

第四，教师对课外体育实践活动的引导是提高学生整体素质的关键。学生与教师的接触机会最多，教师的一言一行对他们的影响最大。教师是儿童最好的朋友，是体育文化知识的传授者，是学生体育能力的培养者，也是体育课外活动的直接引导者。如果离开教师的引导，放任自流，体育活动会流于形式，甚至走向反面；引导得好，体育活动才会顺利进行，综合素质才能提高得更快。

二、课外体育活动的实施

课外体育活动是以学生的自主活动为主，培养学生的体育兴趣，增长必要的体育基本知识、技术、技能，是愉悦身心的一种手段。它是体育课堂教学的延伸，又是体育课的有机联结。

（一）体育课外活动的组织与管理要求

体育课外活动是整个学校体育工作的有机组成部分，并不意味着教师可以放任不管，让学生"自发活动"。活动前要对活动进行设计、组织、指导，结束后进行点评、总结等。开展形式多样、生动活泼的课外体育锻炼，能有效地促进学生身体的全面发展。

1. 明确内容和要求，计划周全

（1）学校明确体育课外活动的具体内容和要求，具体如下：①做好宣传教育工作。②安排好时间和提供必要的场地器材设备等物资保证。③建立必要的规章制度。④确定明确的评定标准要求。⑤加强医务监督工作。⑥培养与使用好体育干部。⑦充分发挥体育教师、班主任的作用。课外活动是体育教学的延伸和必要补充，它对激发学生对体育锻炼的积极性、拓展学生掌握动作的能力、培养学生的创造个性都具有重要的作用。实践说明，只有加强课外活动的组织与管理，才能使课外体育活动正常地开展起来。

（2）课外体育活动制度如下：①课外活动要结合学校的实际情况，提倡小型多样、生动活泼，注意讲究实效，持之以恒。②学生必须坚持做好每天的广播操和眼保健操，列入课表的课外体育活动中，任何人不得占用。③《小学生体质健康标准测试》是我国的一项体育制度，要积极推行，在经常锻炼的基础上，定期进行测验、登记。④各年级的体育锻炼时间，班主任要认真组织管理，督促检查。体育教师要安排活动内容，分配好场地、器材，进行巡回辅导。⑤体育锻炼课应该严格遵守课堂纪律，不迟到，不早退，请假时必须履行手续，定期表扬好的班级，不认真参加体育锻炼课的班级没有资格参加先进班级的评选。

2. 注重团结协作，统一指挥

体育教师担任课外活动的主要辅导者，但并不否认其他教师的作用。如果把课外活动当作体育教师的专利的话，那么将达不到预定的目标。所以，体育课外活动必须通过全校师生的共同参与、共同关心、团结协作，才能实现总体目标。正因为搞好课外体育活动需要全校教师的团结协作，所以统一指挥非常重要。校长应为最高决策者与管理者，把握全局，充分认识体育课外活动的重要性，把课外活动当作一项重要工作来抓，协调各种关系。只有统一指挥，才能确保分工合理、职责明确，才能使目标得以实现；否则，活动时间、地点、人员等都不能得到有效的保证。

3.落实工作，强化课外活动考核

学校要使小学体育课外活动落到实处，发挥其应有作用，必须强调"五个落实"。

（1）活动内容落实。每次课外活动的内容要丰富，要有针对性，要注重理论密切联系实际。

（2）时间落实。要统筹安排课外活动时间，不能随心所欲，一定要根据学校安排的课外活动时间表进行。

（3）地点落实。要根据活动的内容确定活动的地点，可以在学校或班级进行，也可以到班外或校外进行，在活动过程中要特别加强对学生的安全意识的培养。

（4）人员落实。体育课外活动的辅导员和体育值班教师要预先确定，要根据具体情况确定主要负责人员、配合人员。

（5）经费落实。开展体育课外活动需要一定的经费，经费的落实是搞好体育课外活动的重要保障。

在落实好内容、时间、地点、人员、经费之后，就要抓对课外活动的考核。对活动予以考核，不仅可以促进活动的正常开展，而且还可以提高活动的质量。学校决策者通过对活动的考核，可以明确活动的进展情况，明确活动目标的实现情况和具体负责人员的表现情况等，以促进课外活动的总体目标的实现。

小学体育课外活动是学校教学工作的有机组成部分，教师必须充分认识它的重要意义，加强对它的组织与管理。在组织管理过程中，应坚持目标明确、计划周全，坚持指挥统一、有分工有协作，坚持"五个落实"强化考核。只有这样，才能使体育课外活动达到较高的水准。

（二）体育课外活动的教学方法

学校建立"素质教育""健康第一""全面育人"的新理念，扭转对课外体育活动课的错误看法和做法，只靠单纯的说教则收效甚微。为了民族的体质、青少年的健康成长，学校应真正落实"每天锻炼一小时"的体育活动。

第一，成立多种形式的课外锻炼组，从组织上确保和吸引学生参加课外锻炼。课外锻炼小组可分一般锻炼组和专项锻炼组。一般锻炼小组根据自愿原则，首先吸收小学低年级学生参加，活动内容主要是保证学生的一般身体训练水平和培养他们参加专项训练的兴趣。如在低年级的一般组里，可采用训练课的形式，对7~9岁的学生进行田径、体操、球类的基础训练。对于小学高年级的一般组，主要进行全面的身体训练，发展必需的身体素质、运动技能，掌握理论知识。专项组是根据学生的兴趣和发展儿童体育运动的需要而组织的，每个项目根据年龄分成若干组，每组 15 ～ 20 个学生，每周训练至少 3 次，每次训练时间 60 分钟左右。训练组是课外锻炼的基本组织形式，训练的辅导员一般由体育教师、其他科任教师担任，还可由家长、体育锻炼积极分子担任业余辅导员。

第二，科学地安排作息时间，保证学生每天有一小时的体育活动时间。课外活动尽可能地满足不同学生的不同需求，相同兴趣的学生组合在一起进行各种身体练习，如打篮球、踢足球、羽毛球、乒乓球、排球、跳绳、踢毽子、跑步等。体育教师和班主任尽可能参与到学生课外活动中去，并对他们进行必要的组织和辅导，确保学生每天有一小时的体育活动时间。

第三，开展多种形式的课外竞赛。学校组织多种形式的比赛，可吸引学生参加运动，提高学生对体育运动的兴趣；还有利于发现人才和检查教学训练效果，并为选拔校代表队提供机会。学生的基层比赛可分为校内和校外两种，校内比赛人人都可以参加，全年中各种比赛应十分频繁，如田径、跳绳、篮球等多项比赛。

第四，制定课外体育活动制度，提出特定要求。人人参与、认真练习是课外体育活动的要求。课外锻炼的主要目的是促进学生身体发育，发展各种身体素质，自觉地增强体能。每个学生可以准备体力卡片，把测验结果进行登记。卡片可包括的方面：保健、安全、营养、保护环境、课内表现、课外活动、校运动会、校外运动团体活动等。

第五，创建学生体育组织，建立体育活动"超市"。小学努力改革现行的课外体育活动课的组织与方法，切实体现活动课的时代性，强调以学生为本，以发展为中心，注意学生运动爱好和特长的形成，为学生终身体育奠定坚实的基础。学校应推出顺应时代潮流、符合学生口味、切合学校实际、可操作性强的课外体育活动课。小学可成立体育俱乐部及班级成立体育兴趣小组，要求每位学生参加自己感兴趣的体育组织。在活动的组织形式上，也可打破班级界线，实现同一年级进行选项活动，有条件的学校也可打破年级界线，进行选项活动。

课外体育活动时，学生如同进入大型体育活动超市，学生可根据自己的兴趣和爱好，选择喜爱的活动内容、项目。在兴趣小组里，学生可以充分展示他们各自的特长，发展他们的个性。学校体育组应因势利导地管理，指派有专长的教师担任各俱乐部的指导工作。实践证明，这是一种较为理想的课外体育活动方式。

第六，学校全面开放体育场馆。体育场馆和设施是开展课外体育活动的物质基础。为了满足学生体育活动的需求，学校每年安排一定的经费，购置体育器材、设施和维修、扩建体育场地。如果因为担心体育馆在学生活动时遭到损坏、足球场草皮被踢坏而影响美观来禁止学生活动，那就是因噎废食。我们只要坚持"健康第一"的指导思想，着眼祖国的未来、民族的兴旺，只有加强科学管理，充分开放学校体育场馆，给学生足够的自主活动空间和机会，才能不断提高体育活动的实效，提高学生的健康水平。

（三）体育课外活动的教学要求

（1）听到上课铃响后，由体育委员按指定地点集合队伍，并按要求对本班进行检查。

（2）由体育委员带好本班同学做好准备活动。

（3）由各班班长到负责教师处领取活动内容表，到器材室领取器材。

（4）学生在活动时必须按分配的场地器材进行活动，不得抢占其他班级的场地器材。

（5）学生在活动时必须注意自身安全，尽量避免冲撞和危险动作，以免伤害自身及他人。

（6）除足球外，其他任何器材不准踢或用不正当的方式进行活动。

（7）下课铃响或结束哨音响时，体育委员和班长共同整理好队伍和器材，及时归给器材室。

（8）课外活动由班主任教师负责组织，体育教师巡回辅导，出勤、锻炼情况由班主任负责，体育室负责记载抽查，教务处、政教处负责汇总。

（9）对不按规定进行活动的班级，教务处、政教处、体育组应采取措施责其改正。

小学体育课外活动是小学课堂教学的延伸和必要补充，它对激发学生对体育锻炼的积极性，拓展学生掌握动作的能力，培养学生的创造个性都具有重要的作用。多年来的实践说明，只有加强课外活动的组织与管理，才能使课外体育活动正常开展起来。

三、课外研究性活动的开展

课外研究性活动能提高小学生的综合素质，以问题为思维中心，激发学生的学习兴趣，形成研究性学习的动机。应发挥教师的主导作用，让学生成为学习的主体，调动学生的积极性，主动参与问题的分析、解决，培养研究性学习的能力。让学生在课外实践活动的过程中，运用学习的知识、动作技术去解决问题，让知识、动作技术在实践的过程中延伸，提高学生研究性学习的活动能力。

小学体育教学中，加强研究性学习活动，旨在挖掘、培养小学生的学习兴趣和探索问题的能力，使新课程、新教材的教学更加成熟、更加理性。

（一）课外研究性活动及其特征

课外体育研究性活动是一种问题解决的学习，其目的是培养学生运用科学知识和思维方法去解决实际问题，它强调学习者根据一定的经验背景，探究问题、解决问题，学会对知识、技术信息进行收集、筛选、分析、加工，从而完成意义建构，培养研究性学习的能力。学生课外解决问题能激发学生的心智活动，从而扩展学生的体质、个性、能力发展的自由空间。

从研究学习的纵向展开过程来看，课外体育研究性活动大致有以下六个步骤：①提出科学的问题；②根据已有的知识和经验，提出假说或猜想；③收集证据；④解释；⑤评估；⑥交流和推广。

从研究学习的横向展开过程来看，它的每一个步骤可以是多种形式的活动。拿收集证据来说，可以通过观测、实验和调查来收集，也可以通过查阅文献和上网来收集。具体情况不同，所采用的方法也不同。

课外体育研究性活动的特征如下：①小学生是通过研究活动获得新知识和培养能力的；②研究教学注重从学生的已有经验出发；③重视证据在研究中的作用；④重视合作学习；⑤研究教学重视形成性评价和学生的自我评价。

（二）课外体育研究性活动的实施

1. 提出问题，激发学习兴趣，形成研究性学习动机

问题的提出是思维的最基本动机，而思维活动总是围绕问题的出现而进行的。教师提出恰当的问题，引导学生自己去发现问题，激发学生的学习兴趣。以问题为思维中心，启发学生对知识的积极思维，对技术动作的主动探究形成强烈的问题意识，激发学生体育学习动机，使其产生获取新知识的好奇心和对新技术动作练习、实践体验的好胜心，形成主动研究的学习动机。

教师充分挖掘小学教材的内在魅力，使所学内容的本身对学生产生强烈的兴趣，让学生去发现问题，唤起其积极性，点燃求知的欲望。质疑是吸引学生主动去探究问题的驱动力，是促进学生积极分析、解决问题，进一步推动学生参与实践体验的源头。

2. 维持、指向学生探究，使其主动参与问题的分析、解决，培养研究性学习的能力

在分析、解决问题的过程中，教师是支持者，学生是实施者，即发挥教师的主导作用，让学生成为课堂中的主体。教师通过各种直观的教学手段，点明问题的关键点，为学生积极主动的思维创造条件，减少学生分析、解决问题的盲目性，使学生对问题的分析、比较、归纳、概括具有一定的方向性、可操作性，进而扩大解决问题的范围；使学生在对新的技术动作的探索活动过程中有所发现、有所收获，体验到成功的喜悦，从而维持学生对新知识、新技术的强烈探究欲望；让学生在对问题的分析、解决的活动中积极主动地进行，并积极参与练习、实践体验，获取新知识、新技术，提高技能，在探究的过程中培养学生研究性学习的能力。

在研讨学习问题时，教师应使讨论有主题、有方向、有目标，使讨论的问题具有针对性、思考性，能吸引、推动学生在积极主动的讨论中思考问题，在比较中分析问题，达到解决问题的目的。教师参与到讨论中，要起到润滑剂和指向的作用，利用直观的讲解示范，引导、启发、鼓励学生讨论争辩、演示比较，及时地进行信息反馈，使课堂教学成为师生分享彼此的思维、见解、知识及交流彼此情感的场所，通过归纳、概括，达成共识、共享、共进的效果，让学生自己去发现问题的结论和规律。

3.借助课外实践活动，促进练习的积极性，提高研究性学习的能力

实践活动的过程是体现对知识、动作技术从感性认识提升到理性认识的过程。因此，教师要在练习内容中挖掘其新颖性和趣味性因素，充分调动学生学习的积极性，主动投入实践活动中，把动脑、动手和谐地结合。如着重提高身体素质时，采用竞赛、游戏等形式，培养竞争意识，激发荣誉感、责任心和进取心；着重掌握知识、技术、技能时，采用多种辅助器材及改变难度的练习来帮助体验动作，形成正确的运动知觉，培养分析能力、形象思维能力。

让小学生在实践活动的过程中，运用学习的知识、动作技术去解决实际问题，让知识、动作技术在实践的过程中延伸，提高学生研究性学习的能力；让学生在练习、实践的过程中理解、掌握要领，运用技术动作解决实际问题。如投掷要求既远又准时，要求学生根据实际，在实践中改良、组合，合理运用知识、技术，减少负迁移，促使学习、探究的内在动机持续存在，培养学生的观察力，促进记忆力、想象力及应变能力的提高，潜移默化地发展学生思维的灵敏性与创造性。

在体育教学中进行研究性学习活动，使学生充满智慧的挑战，使德育、心育、智育、体育有机地结合，让学生体育学习的主动意识、探究意识、实践意识、创造意识得到全面拓展，激发学生的体育兴趣，培养其终身体育的意识、习惯和能力，增强其体质，提高其体育素养，实现小学体育教学的目标。

第二节　开展体育教研活动

体育教研活动是指以体育专业教师为主要参与者、以体育教学为中心研究内容的集体活动。体育教研活动包含着丰富的内容，如集体备课、系统学习理论、教材分析、说课、听课与评课等，形式也多种多样，既可在校内也可在校外进行。体育教研活动的开展，是贯彻体育教育思想、实现体育教学目标、提高教学质量、提高教师业务水平和教学能力的一种理论与实践相结合的重要活动形式，体育教研活动有理论学习、技能培训、研究教材教法等多种形式，它是理论联系实际的纽带，是教师专业化成长的摇篮，理应受到教师的重视。

一、体育教研活动的意义体现

体育教研活动是揭示体育教学现象背后的本质和探索体育教学规律的业务学习活动。其主要内容是研究体育教学实践和理论问题。其目的是解决学校体育中的实际问题，提升体育教师教育教学水平，促进学校体育持续发展，完善体育教学理论和提高体育教学的质量。

一方面，促进学校体育教学理论发展。在学校体育发展中，体育教学是一个深入研究的教育过程，它可以促进学校体育教学理论的发展。但是，体育教学与运动训练、体育锻炼无论在目的、过程、特征、对象、条件等方面都不相同。因此，由运动训练演变过来的体育教学理论和方法并不能很好地为学校体育教学目的服务。当前，广泛地开展有质量的体育教学研究，对于理性地分析体育教改形势，对于沿着科学的程序制定新的课程方案和教改目标，对于提出新的可行的教学模式都是极大的促进，有利于体育教学改革的发展。

另一方面，有利于体育教师教学能力的提高。目前，教学与研究的互相渗透已成为提高教学质量的必由之路，有利于体育教师的教学能力提高。体育教师的工作越来越多地具有研究性质，研究型的体育教师越来越受到欢迎，因为体育教学研究直接促进体育教师的教学能力提高。一是体育教师的"问题意识"和相应的研究工作与他的教学设计能力和实施能力有着密切的关系；二是体育教师借助研究过程所认识的体育教学实践也更加客观、准确和深入；三是勤于思考和积极钻研能促进体育教师努力学习新的知识；四是体育教师不断地总结和研究会极大地激发体育教师的创造性；五是体育教学研究可以促进教师之间、教师与学生之间的互相交流，增强体育教师团队整体教学水平。

二、体育教学研究活动的主要特点

（1）学理性。体育教学是以授业为主体的教育过程，它和教、学有直接关系，所有的规律都围绕着教学的中心规律。因此，体育教学研究活动归根结底是学理研究。

（2）实践性。体育教学理论在教学实践的基础上产生、形成，又反过来指导和影响教学实践，并使教学理论自身得到检验、修正、丰富和发展。教学研究活动只有为体育教学实践服务，才能成为真正有意义的研究。

（3）复杂性。体育教学活动是由多因素、多变量构成的，而且这些变量之间相互交织、相互制约、相互作用，教学研究就是要把这种多因素的相互作用状态反映出来。

教学研究有一个合理的、公认的基本框架，它主要由三类变量组成：一是环境变量。指课堂教学中，学习活动的环境对体育教学的成功与否有一定的影响。二是过程变量。指师生的课堂行为、学习任务和学习活动对教学活动的成果产生一定的影响。三是结果变量。指教师依据有效的教学目标和标准来衡量教师拟订教学活动计划的教育成果。任何一个结果变量的产生都不是由单一变量引起的结果，它更多地涉及教学活动中的一系列变量，由此可见体育教学研究活动的复杂性。

三、体育教学研究活动的主要内容

体育教学是一个多因素复杂的教育活动，其中要解决的问题很多，其研究内容归纳为：体育教学主体（人的因素）研究、教学思想和目标（思想的因素）研究、体育教学过程（时空的因素）研究、体育教学内容（载体和媒介的因素）研究、体育教学条件（物质环境的因素）研究等。

（一）体育教学主体研究

体育教学是人的社会性活动，一切都离不开最主要的因素——人。因此，关于体育教学主体的研究实质上是围绕教师和学生的研究。师生之间相互作用始终贯穿体育教学的全过程，教学研究必然要受到师生之间相互作用的影响，同时教学研究也必然要反映这种作用。因此，教师要组织开展合理的体育教学活动并提高其成效，就必须加强对自身与学生方面的研究。

（1）学生与体育研究活动。学生研究主要包括：学生在教学过程中的地位研究、体育教学中教与学的关系、体育教学与学生身体发展的关系、体育教学与学生心理发展特点的关系、影响学生体育学习的认知因素与非认知因素的分析、集体对学生个体的影响等

当前常见的体育教学主体的研究包括：小学生身体发展状况的研究、小学生心理发展状况的研究、小学生日常身体活动状况的研究、小学生体育教学爱好度的调查研究、增强小学生体质的有效对策和措施等。

（2）教师与体育教学研究活动。体育教师的研究主要包括：教师教学过程中的地位研究、教师职责及职业特征研究、体育教师知识结构与教学能力研究、体育教学过程中教师与学生的相互作用研究等。

（二）体育教学目标研究

体育教学是人的有意识、有计划、有组织的社会性活动。体育教学思想、目标的研究实质上是把握体育教学方向、挖掘体育教学功能的研究，也是体育教学研究的重要方面。特别是在体育教学面临大改革和大发展的时期，这类研究显得尤其重要。

体育教学目标的研究包括：体育学科的功能与价值研究、新课程体育教学指导思想的研究、新体育教学目标的研究、体育教学改革方向与目标的研究。

当前常见的体育教学主体的研究内容包括：体育教学促进小学生身体发展的研究、体育教学促进小学生社会性发展的研究、体育教学促进小学生个性发展的研究、体育教学促进小学生心理健康的研究等。

（三）体育教学过程研究

体育教学过程的研究内容主要包括：体育教学过程特点、体育教学过程的基本结构、体育教学过程的基本功能、体育教学过程的基本规律等。

当前常见的体育教学过程的研究包括：体育教学设计的研究、教学中体育中师生关系的研究、研究式体育教学过程的研究、合作式体育教学过程的研究、发现式体育教学过程的研究、领会式体育教学过程的研究、小群体式体育教学过程的研究等。

（四）体育教学内容研究

体育教学内容的研究主要包括：体育与健康知识的研究、体育运动文化知识的研究、体育教学内容的选择依据研究、体育教学内容的编排理论研究、体育运动技术研究、现行

体育课程内容合理性研究、体育教科书研究、体育教材化工作研究、体育教学计划研究、体育辅助学习材料开发、校本课程开发、新兴项目教学内容研究。

当前常见的体育教学内容的研究包括：小学体育基本教材的研究、小学民族传统体育教育内容的研究、小学新兴体育项目内容的研究等。

（五）体育教学条件研究

良好的体育教学都是在一系列良好物质条件支撑下、在适宜的教学环境条件下取得的，没有这些良好的物质条件和适宜环境，就不可能有高质量的体育教学。但什么是良好的物质条件和适宜环境？这需要进行研究。

体育教学条件的研究主要包括：体育环境的含义和内容、优化体育场地的研究、优化体育设施的研究、新运动器材和器具的研究、体育运用现代化教育工具的研究、体育环境管理研究等。

当前常见的体育教学条件的研究：小学生体育器材的研制与开发、体育教学设施人文性设计的研究、多媒体在体育教学中的运用研究等。

四、体育教研活动的常用方法

（1）专题讲课。体育教研组根据教学目标与课程标准，组织教师学习和研究教材，确定专题及专题主讲人，并要求备好课。课上可提问，可要求其他同志回答问题。每个人都能发表自己的观点，并相互补充，会上气氛活跃，加深了对问题的理解。

（2）集体备课。体育教研组教师共同研究教学方法、要领、难点、重点等。在进行理论学习研究的同时，还组织全组同志现场备课，使每位教师都把自己的教学经验毫无保留地介绍出来，做到集思广益，取长补短。

（3）随时听课。体育教研组经常组织教师互相听课，及时分析交换意见，相互促进，共同提高教学水平。

（4）组织观摩课。一是教研组内部观摩。体育教研组要求任课教师自行备课、编写教案、选课、选上课日期。课后进行评议时，任课教师首先要提出教学的根据，这样既发扬了理论联系实际的学风，也检查了教师的学习效果和教学能力。二是进行专题研究的公开观摩课。教师在教学过程中应因材施教，区别对待教学原则和方法。邀请学校领导和其他学科教研组、兄弟学校体育教研组、教育局体卫科的同志指导观摩，课后分析评议，以促进体育教学水平的提高。

（5）走出去，向兄弟学校学习。体育教研组为了开阔全组同志的眼界，不断吸取新的先进经验，除参加区组织的观摩课外，还应组织全组同志带着自己的问题或要研究的问题，走出去，虚心向兄弟学校学习，认真分析研究别人的长处，促进自己教学水平的提高。

第六章 小学体育与健康课程资源与校本课程开发

第一节 体育与健康课程资源概述

中国基础教育体育课程的改革应该特别重视体育课程资源的开发和利用，在新的体育课程理论指导下，体育资源有着广泛的内涵和外延。多渠道地开发和利用体育课程资源，意在寻找一切有可能进入体育课程、能与体育教育教学活动联系起来的资源。开发和利用体育课程的多种资源是为实施体育课程服务的基础条件，是保证体育课程实施的基本因素。

一、体育课程资源的内涵

所谓体育课程资源是指具有体育教育价值，适合学校体育教学特点，符合学校体育课程发展，符合全体教师发展，符合全体学生发展的，能够转化为学校体育课程或服务于学校体育课程的各种条件的总称。它包括教材内容以及学校、教师、学生、家庭、社会中所有可利用的、有助于提高学生素质的人力、物力与自然资源。

其实，体育课程资源的内涵十分丰富，它是指体育课程设计、编制、实施途径与方法、课程教学评价等整个课程发展过程中可以利用的一切人力、物力及自然的总和。长期以来，体育课程资源的结构比较单一，除了把体育教科书作为唯一的课程资源外，在课程资源的开发主体、基地、内容、条件等方面也很单一，而且未能形成有机的整体。以学科知识为中心、以教师为中心、以课堂为中心、以教学大纲为中心、以课本为本的"大一统"的教学行为，虽然发挥了传递人类体育文化的中介桥梁作用，使学生在较短时间内有可能接受体育文化科学基础理论知识和运动技能，却忽略了学生内在的、个性的、全面和谐的发展，忽视了学生在学校、课程、教学中的主体地位和作用。随着基础教育体育改革的深入发展，我们进一步认识到，要全面实施以培养小学生体育的创新精神和实践能力为核心的素质教育，就必须在整合和优化体育课程结构、开发体育课程资源上下功夫。

二、体育课程资源的类别划分

为了更好地认识把握众多的体育课程资源，我们按一定的条件把某些体育资源归属到一起，或按不同的特点把某些资源区分开来，这就是对体育课程资源的分类。

根据资源的来源把其分为两类：校外体育课程资源；校内体育课程资源。

根据资源的特性把其分为两类：人力资源（教师、学生和其他社会人员）；物力资源（场地、媒介、设备、设施等）。

根据资源的性质把其分为两类：自然课程资源；社会课程资源。

根据资源的呈现方式把其分为：文字资源；实物资源；活动资源；信息化资源等。

以上所说的四类可以概括为素材性资源和条件性资源两大类。素材性资源包括知识、技能、经验、活动方式与方法、情感态度和价值观，以及培养目标等方面的因素。条件性资源包括直接决定课程实施范围和水平的人力、物力、财力、时间、场地媒介、设备、设施和环境，以及对于课程的认识状况等因素。

第二节　小学体育与健康课程资源的开发与利用

一、体育课程资源开发与利用概述

（一）体育课程资源开发与利用的意义

第一，体育课程资源的开发和利用是基础教育课程改革对体育学科提出的新目标。开发和利用体育课程资源的目的，是要彻底改变过去学校体育课程过于注重体育教科书中传授体育知识与运动技能，这种单一的体育教学的倾向，突出加强课程内容与学生生活以及现代社会需要与发展的联系，关注学生学习体育的兴趣和经验，并要适应不同地区、不同学生发展的需求，充分体现体育课程的实践性、均衡性、综合性、选择性、灵活性、发展性，增强体育课程对各地方、学校及学生的适应性。

第二，体育课程资源的开发和利用是顺利实施体育课程的重要组成部分。开发和利用体育课程资源是实施体育课程的重要保障，是实现"运动参与、运动技能、身体健康、心理健康、社会适应"，及达到运动主线、健康主线的基础和载体。

第三，开发利用各种体育课程资源能够充分发挥课程资源应有的教育优势。因地制宜地开发利用各种体育课程资源，可以充分发挥课程资源应有的教育优势，体现体育课程的灵活性与弹性，展示地方与学校的特色。

第四，开发和利用体育课程资源为教师和学生选择教学内容提供了有利条件。《体育课程标准》在课程内容上具有很大的选择性，课程内容上的选择性为学校、教师、学生创造性地实施《体育课程标准》提供了可能。

（二）体育课程资源开发与利用的作用

首先，积极开发和利用体育课程资源，有利于促进全体学生参与教学活动。体育教学的最终目标就是通过体育课程的学习，学生将达到：增强体能，掌握和应用基本的体育与健康知识和运动技能；培养运动的兴趣和爱好，形成坚持锻炼的习惯；具有良好的心理品质，表现出人际交往的能力与合作精神；提高对个人健康和群体健康的责任感，形成健康的生活方式；发扬体育精神，形成积极进取、乐观开朗的生活态度。除此之外，还要发展学生的体育意识，培养学生对体育进行理性思考能力，并进行选择和重建体育的能力。除体育教科书外，还应学会广泛收集利用其他有用的课程资源，获取各种新知识和能力。由于体育学科的课程资源具有范围广、数量大的显著特点，这样，无论从发挥学生主体性的角度，还是从开发体育课程资源的角度，都需要全体学生积极参与进来，使全体学生主动地、创造性地利用一切可用的课程资源，为自身的体育学习和探索服务。只有随着体育学科课程资源的逐步开发与利用，体育教学过程才能更多地成为学生参与活动的过程，学生才能真正成为体育学习的主人。

其次，积极开发和利用体育课程资源，有利于充分发挥教师的主导作用与学生在体育学习中的主体地位，更重要的是有利于促进激发学生学习体育的兴趣。儿童对体育课学习的兴趣比较浓厚，但对一部分体育教师安排的"枯燥、没意思的教学内容、教学方法、教学评价"不是特别满意。本来应该是很有兴趣的体育课，何以受到学生如此冷落？这其中除了教学内容的安排、教学方法的滞后、考试评价的制约等因素外，还与体育课程资源极其单调的状况有很大关系。体育学科具有独特的性质特点，拥有丰富的课程资源。但是长期以来，人们往往把体育教学大纲、体育教科书视为唯一的课程资源，在这样狭隘的课程资源观支配下，体育课被学生看成是"死气沉沉、呆板、被动学习的课程"。按照新的课程理念，体育教科书仅是一种主要的课程资源，体育教学还应该运用大量体育教科书以外的课程资源。如体育人力资源的开发、体育设施资源的开发、课程内容资源的开发、课外和校外体育资源的开发、自然地理课程资源的开发、体育信息资源的开发等，这些形象具体、生动活泼及教师与学生能够亲自参与等特点，给予了学生多方面的信息刺激。加之许多内容贴近学生、贴近生活、贴近社会，丰富了体育课的内容和情趣，使学生能在愉快、轻松、高雅的学习活动中掌握知识，学会运动技能。生动的形式、多样的体育资源将会极大地激发学生学习体育的兴趣，这是过去传统单一的课程资源所无法比拟的。

再次，积极开发和利用体育课程资源，有利于学生接触、了解并学习到更多的体育知识与运动技能，形成多种运动技能储备，为终身体育奠定了基础。学生如何掌握更多的体育知识、学会更多的体育技能，这就需要开发与利用更多的体育资源。所有的体育资源都有各自的规律与特点，不可能都变为小学生学习的教材。如何将体育的各种资源结合学生的实际和现代的生活实际变为教材，这就需要进行精细严密的加工与处理。而在加工与处理的过程中，学生自然就会主动接触到许多新的体育知识与运动技能，形成运动技能储备，这就为终身体育奠定了牢固的基础。

然后，积极开发和利用体育课程资源，有利于学生形成探究式的学习方式。探究式学习是学生在教师的指导下，自主地发现问题、研究问题、探究问题，以获得结论的学习方法。美国课程论专家施瓦布教授明确地把"探究式学习"作为一种重要的教学方式而加以系统论证。探究不仅是追求一个结论，它更是一种经历，是学生亲身体验、感知学习与认识的过程。在体育教学中，开发和利用体育课程资源实施体育教学，采用探究式的学习方法，是培养学生创新精神和实践能力的一种最有效的方法之一。此外，新课程推行国家课程、地方课程和校本课程三级课程管理的新模式，体育教师要参与课程的设计，要不断地进行课程资源的开发和建设。而校本课程开发的最大难点就在于它需要大量的课程资源，这些都有利于培养学生形成探究式的学习方式。

最后，积极开发和利用体育课程资源，有利于将创新开发出来的教材内容进行整理与总结，最后汇编成书，给后人留下丰富的体育文化资源。体育知识、运动技术形成的过程在于积累，这就是学习、复习、巩固、提高、发展、灵活运用不断反复循环的变化过程。只有不断地去挖掘各种体育资源，积极开发和利用体育课程资源，及时地将创新开发出来的教材内容进行整理与总结，最后汇编成书，才会给后人留下丰富的体育文化资源。这是高层次的努力目标，这项工作虽然很艰苦、很艰难，但要努力去探索。

（三）体育课程资源开发利用的主要特点

（1）实践性。开发出来的体育资源一定要体现在室外从事身体锻炼的实践特点，开发出来的教材一定要有运动负荷、有运动技术的难度。

（2）开放性。开发出来的教材最好能够体现两方面的内容：一是资源内容具有以体育学科为中心，向社会、生活体育科研发展的开放性；二是资源的信息渠道具有以学生为中心发展的开放性，让学生通过主动的探究活动获取各种信息，而不是被动地接收信息。

（3）兴趣性。开发出来的体育课程资源内容应具有较大的吸引力，使学生十分感兴趣，使学生感受到实现自我的需要，能唤起思维的积极活动。

（4）广泛性。开发出来的体育课程资源应包含体育学科本身的系统材料，还要体现体育学科以外的、更为广泛的客观外部资源，为体育学科所用。

（5）探究性。体育课程资源的开发要能够支持学生的探究活动，应当有利于学生从中发现和提出问题，从多渠道收集证据，观察实验，解决问题。

（6）思想性。体育课程资源的开发一定要突出培养学生良好的思想品德，体现意志品质得到锻炼、团结合作精神得到培养的过程。

二、体育课程资源开发利用的原则和方法

（一）体育课程资源开发利用的基本原则

一是兴趣性原则。兴趣是最好的教师，是学生学习体育课程的原动力，只有学生对教

学内容、方法、环境产生浓厚的兴趣时，才能自觉、认真、主动、积极地参与学习。开发体育课程资源时，切忌选择那些技术要求过高、即使学生努力也学不会，或枯燥无味的素材。小学生活泼好动，我们应当根据他们的生理、心理特点，选择他们喜爱和欢迎的运动素材，包括一些娱乐、休闲和新兴的体育锻炼内容，使他们能在学习的乐趣中身心得到充分的发展。

二是心理健康发展原则。体育课程最终的目标就是要完成体育课程标准提出的课程总目标、五个领域目标和内容标准提出的目标，这三级目标的核心部分就是促进学生健康主线目标与运动主线目标。因此，开发体育课程资源最重要的就是体现身心健康发展的原则。小学生正处在生理、心理迅速发展的关键时期，在他们生长发育成长的不同阶段，有着不同的体能发展敏感期。所以，我们在选择身体素材教材资源时，应当根据不同阶段学生身体发展的特点，科学合理地加以选择，保证这些素材能真正起到促进学生身心健康成长的作用。切忌选用一些不切合实际，无助于学生健康的素材资源。

三是适应性原则。要结合学校的实际、教师的实情、学生的特点等实际情况，开发出适应全体学生的体育课程资源，以及都能进行体育教学的体育资源。

四是科学性原则。开发出来的体育课程资源要有利于进行科学的体育锻炼，如果开发出来的资源本身具有惊险性与危险性，对身体素质要求特别高，对运动技术要求特别精细，而锻炼的效果却不大，就应当坚决防止教给学生。

（二）体育课程资源开发利用的主要方法

（1）细心调查研究。每所学校都客观存在着很多可开发利用的体育课程资源。但这些资源如不去细心地发现它、挖掘它，就不可能充分地利用它。因此，开发体育课程资源的第一任务就是通过广泛的调查研究，充分掌握可利用资源的实际情况，再经过比较分析，从中选择最佳的资源加以利用。

（2）深入实验研究。深入的实验研究是开发体育课程资源的途径，只有通过教学实践的验证，才能证实所开发的资源是否有利于课程目标的实现，是否受学生的欢迎。因此，首先要选好实验点，对实验点的学校要重点指导帮助，总结出阶段性或整体性成果，形成书面材料。在开发课程资源时，应当提倡采用科学研究的方法，以实验的结果证实所选择资源的有效性，并从中选择最佳的资源加以利用。

（3）广泛交流推广。课程资源的开发是当今体育课程改革的一个新起点、新亮点。目前，各地方和学校已有很好的经验，他们在素材资源的特色化上、在社区条件资源的利用上，或在人力、财力资源的开发上，都打破了原有课程的框架，取得了很好的效果与经验，是值得学习的。因此，在开发体育课程资源的工作中，提倡相互交流学习，做到信息资源共享。

（三）多渠道开发和利用体育课程资源

多渠道开发利用体育课程资源，其方式包括如下内容：

（1）继承。利用好过去传统的体育教材内容，继续发挥教材原有的多种功能，将传统的教材作为重要的体育课程资源。其开发和利用的重点是深化研究、提炼挖掘原有教材的内涵，提高学生对传统教材知识与技能学练的兴趣，提高人文素养，培养创新实践能力，养成良好的学练习惯。

（2）保留。在过去的体育教材内容中，如竞技运动项目，有许多锻炼价值高、学生十分喜爱又适合小学生锻炼的内容。其开发与利用的重点是适当增强体育技能学习的难度，较强地体现教与学的因素。

（3）改编。把民间中广为流传的活动内容向体育教材方面转化。因为，民间的活动素材要作为一项体育教材，必须对其进行整理、加工、处理、改编，经过实验才能真正成为教材。

（4）沿用。沿用那些本地区、本校具有传统特色的体育项目内容，创设多彩的、有利于体育学习的校园环境。

（5）引用。引用是学习开发利用体育课程资源的重要方面，这里提到的引用主要是指引用国外好的体育项目、国内好的体育内容，拓宽体育学习的空间，丰富体育实践活动的内容，广泛地收集各种信息加以整理与运用。

（6）创造。创造就是自编、自创，形成各具特色的体育内容资源，经过不断的完善，成为体育课程资源重要的一部分。

总之，我们应依据体育课程标准的精神，以全体学生发展为原则，遵循体育教学的规律与科学锻炼的原理，积极主动地开发与利用体育课程资源。

三、不同体育课程资源的开发与利用

体育课程标准明确提出体育课程资源的开发与利用，应从以下六方面着手：

（一）人力资源

学校教育活动的直接参与者是教师和学生，在体育课程实施的过程中，除了体育教师以外，还应注意开发和利用班主任、有体育特长的教师和校医等人力资源，充分发挥他们的作用。此外，应充分调动学生的主动性和积极性，发挥有体育特长学生的骨干作用。在校外，还可发挥社会体育指导员的作用，请他们辅导学生进行体育活动；在家庭，应充分发挥家长对学生的体育活动进行督促、帮助的作用。

第一，充分挖掘和利用小学生的生活经验，让学生创造新的、安全的、健康有趣的游戏，改造自己喜欢的体育项目。

第二，创造机会和条件，让有体育特长的教师与学生展现他们的才能。

第三，创造机会和条件，发挥班主任和校医的特长，支持、帮助、配合体育教师的工作，共同实现课程目标。

第四，调动学生的牵动作用，发挥家长的督促作用，建立"家庭体育活动站"，组织各种形式的运动会。

第五，聘请校外体育指导员和家长，发挥他们的特长，举行体育联谊活动等。

第六，组织、培养好学生体育干部队伍，帮助体育教师做好课堂组织与管理。

第七，请校友回校担任体育辅导员，发挥"大哥哥""大姐姐"的作用。

（二）体育设施资源

体育场地、器材是加强素质教育，提高体育教学质量，增进学生健康的物质保证。国家已制定了各级学校体育器材设施配备目录，各地学校应争取有计划、有步骤地逐步配齐，并在原有基础上逐步改善。对现有体育设施应充分发挥其应有的作用，同时要努力开发它的潜在功能。

一是发挥体育器材的多种功能。体育器材一般都具有多种功能，只要转换视角和思维方式，就可以开发出常用器材的许多新功能。

二是制作简易器材。各地学校可以结合本校实际，制作简易器材，改善教学条件。

三是改造场地器材，提高场地利用价值。可以把学校成人化的场地器材改造成适合农村小学生活动的场地器材。

四是合理布局学校场地器材。学校场地器材的布局应当既要满足教学的需要，还要满足课外体育活动和校内比赛的需要；既要方便组织，又要方便教学活动；既要确保安全，又要保证学生有地方活动；要形成相互依托、互为补充的多功能活动区。

五是合理使用场地器材。应根据本校和周边环境，合理规划，充分利用空地，使学生能进行安全、适宜的体育活动。学校要加强场地器材和周边环境的协调、管理工作，安全地、最大限度地提高场地器材的使用率，同时要加强场地器材的保养工作，合理地使用有限的财力、物力，使每一件设施都能起到尽可能大的作用。

（三）课程内容资源

（1）现有运动项目的改造。现有的运动项目资源十分丰富，要大力开发，以适应和满足小学生的实际需要。各地学校和教师应根据学生的年龄和身心发展情况，加强对运动项目的改造工作，这是课程设计的重要内容，也是教师发挥主导作用的重要方面。这里所说的运动项目的改造，主要是指简化规则、简化技战术、降低难度要求、改造器材等。

（2）新兴运动项目的引用。根据本地、本校的实际情况，在教学中适当选用健美、攀岩、现代舞等新兴运动项目。

（3）民族、民间传统体育资源的开发。我国是一个多民族国家，民族体育文化源远流长，体育课程应当大力开发和利用宝贵的民族、民间传统体育资源。

（四）课外和校外体育资源

一是课外体育资源的开发。这里所说的课外泛指早晨上课前、课间和课外体育锻炼时间等。各地要开展课前和课间体育锻炼活动，可以把课间操时间延长到 20～30 分钟，开展大课间体育锻炼活动，改变课前和课间只做广播操的单一活动内容，增加防治脊柱侧弯操、眼保健操、跑步、球类活动、民间体育、游戏活动等内容。各地学校应抓好课外体育锻炼和校内体育比赛，应保证学生每天一小时的体育锻炼时间。班级、锻炼小组或课外体育俱乐部是课外体育锻炼的基本组织单位，锻炼内容可以由锻炼小组或班级确定，学生也可以自选锻炼内容。

二是校外体育资源的开发。校外体育资源包括：家庭体育活动、社区体育活动和竞赛、区县镇的体育活动和竞赛、少年宫体育活动、业余体校训练、体育俱乐部活动、节假日体育活动和竞赛等。

（五）自然地理课程资源

我国地域宽广，幅员辽阔，地况地貌千姿百态，季节气候气象万千，蕴藏着丰富的课程资源，应注意大力开发和利用。利用空气，可以进行有氧运动；利用阳光，可以进行日光浴；利用水，可以进行游泳、温泉浴等。春季可以开展春游、远足，夏季可以开展游泳、沙滩排球，秋季可以开展爬山、越野跑，冬季可以开展滑冰、滑雪。风天、雨天、雪天可以练习长跑；晴天可以练习骑自行车，可以登高望远。利用江河湖海，可以进行水上安全运动；利用荒原，可以进行步行拉练、野营等；利用雪原，可以滑雪、滑雪橇、滚雪球、打雪仗等；利用草原，可以进行骑马、武术等；利用森林山地，可以进行安全的定向运动、攀爬活动；利用山地丘陵，可以进行登山运动和开展有氧耐力运动；利用沟渠田野，可以进行越野跑、跳跃练习等；利用海滩或沙地，可以进行慢跑、沙滩排球、沙滩足球等；利用沙丘，可以进行沙疗、爬沙丘、滑沙等活动。

自然地理资源是最经济、最简便的体育课程资源，要因地制宜、因时制宜，创造性地进行体育活动。

（六）体育信息资源

充分利用各种媒体，如广播、电视、网络获取体育信息，观赏体育比赛等，不断充实和更新课程学练中的教学内容。体育远程教育资源有助于体育基础教育的跨越式发展。由于地区的差异性极大，在条件相对较差的学校，也可以利用挂图、黑板绘制简图等提高教学效果。

第三节　小学体育与健康校本课程开发概述

一、小学体育校本课程开发的意义体现

（1）提升学生的身心素质。按照小学体育新课程标准的要求，开发校本课程的主要目的是满足学生学习体育的需要，切实降低体育教学成本，使学生更好地学习体育知识和形成体育能力。第一，小学体育校本课程是建立在满足学生体育学习需要和充分尊重学生个性的基础上的。校本课程因此更尊重学生自愿的选择权，更强调促进学生的全面发展。第二，校本课程是对小学体育教材的必要拓展，是对教学内容的适当补充和合理搭配，校本课程更适合学生学习的需要，可以更好地起到实现教学目标的作用。

（2）促进体育教师的成长。体育教师不仅是体育教学的实施者和组织者，更是学校最宝贵的教育资源，开发体育校本课程可以让教师快速成长。第一，开发校本课程为体育教师赋予了教学自主权，给体育教师提供了更为广阔的展示能力的空间。第二，校本课程的开发需要教师与教研员共同参与完成，教师可以在教研员的带动指导下，不断丰富教育理论知识。第三，教师在开发校本课程的过程中，需要对专业知识、教学知识、开发原理进行充分研究，需要教师自主编写教材和教案，这对培养教师的专业能力和业务水平有重要帮助。

（3）促进学校形成教育品牌。在新课程改革理念的指导下，小学体育普遍具备了精品课程的意识，积极开发小学体育校本课程，可以为学校推出更多精品体育课程，从而形成学校教育品牌。第一，校本课程可以极大提高体育教学效率，可以实现高质量的体育教学，能得到学生和家长的普遍认可。第二，校本课程可以对教育资源进行重新规划，可以逐渐发展出学校的特色教学项目。第三，校本课程可以促进学校体育教学活动的蓬勃开展，可以提高学生的体育运动成绩，最终为学校形成体育教学品牌服务。

二、小学体育校本课程开发的基本原则

其一，坚持健康第一的原则。保证学生的身心健康是开展小学体育校本课程的基本原则。小学生正处在身体发育的关键期，小学体育课程应当围绕如何促进学生身体发育开展体育教学活动。特别是随着学生生活水平的提高，学生的健康水平与运动习惯有很大关系，教师开发的校本课程应当围绕学生转变不良生活习惯、让学生学会合理运动、注意运动中自我保护等内容。

其二，以促进学生发展为本。小学体育校本课程的开发最重要的目的还是促进学生取

得全面的发展。不仅要让学生身体得到充分的锻炼，而且要让学生学习基本的体育技能，养成终身热爱运动和关注体育的良好习惯。小学体育课程的主角是学生，小学体育校本课程的开发也应围绕学生进行，要以培养学生体育兴趣、促进学生积极参与体育运动、发展学生的特殊才能为主，要切实提高教材的针对性与适用性，使地区性特色体育项目在体育课程中广泛普及。教师要以学生为本，积极开发出有效的小学体育校本课程。

其三，从学校现实条件出发。开发小学体育校本课程要从学校的教学条件出发。特别是在当前小学教学资源有限的情况下，校本课程的开发更应当从学校的场地设备等实际情况出发。第一，校本课程的内容应当符合学校的场地和办学条件；第二，要结合地方特色优势项目，发挥学校现有的教育教学资源优势，为学生开展有特色的田径、武术等地方性校本课程；第三，要结合学校体育教师的专业特长项目，积极地在学校普及体育运动。

三、小学体育校本课程开发的策略探讨

首先，全面分析小学体育教学资源。学校的教学环境直接决定了体育校本课程的开发，教师在开发小学体育校本课之前要对教学资源和教学条件进行评估，特别是对学校场地、时间、设备和教学环境全面评价，能正确认识教学资源的优势与缺陷。例如，小学体育人教版五年级的《软式排球》《助跑投掷轻物》的教学就可以根据学校的场地资源进行课程的改编，先在室外较小的场地让学生熟悉球性，再让学生学会垫球等基本动作，最后安排学生到球馆进行发球和对打等练习。这样不仅可以节约教学资源，而且可以起到较好的教学效果。

其次，采用循环开发的模式。小学体育校本课程的开发要讲究循环开发，教师应当结合教学实际情况，根据国家体育教学的要求，将相关的教学项目统一到一堂课来完成，在这些课程实施一段时间后，对课程的合理性进行必要的总结和评价，对不合理的部分进行必要的改进，对合理的部分予以充分的保留。这样不仅能保证校本课程的稳定性，还可以根据情况的变化随时做出调整，使校本课程更具操作性。例如，人教版小学体育三年级的《走、跑与游戏》教学就可以先将走跑交替、障碍跑和跑动中手摆臂等课程合并在一起，再组织学生进行跑步的游戏，可以得到统一集中训练的较好效果。

总之，校本课程的开发应当以小学体育教师为主体，在教育主管部门和学校的大力支持下，全面对校本课程进行规划设计，并进行积极的内部分工与协作，制订严谨的开发规划与方案，按照循序渐进的原则，积极开发出校本课程，并在学校积极实践和不断改进，最终完成校本课程的开发工作。

第⑦章　小学体育教师信息化素养与专业发展

第一节　小学体育教师信息化素养培养

一、教师信息化素养内容与特点

（一）教师信息化素养的内容

1974年保罗·泽考斯基（Paul Zurkowski）提出了"信息素养"这一概念，在他看来，信息素养就是借助大量的信息解决相关问题的技术与能力。[1]1979年，美国信息产业协会提出了对"信息素养"的新的解释，即人解决问题时用到的信息技术与技能。[2]美国图书馆协会指出，信息素养就是"具有信息素养的人，他们知道自己什么时候需要信息，并且具备寻找信息、评价信息以及合理利用信息的能力……根本上，具有信息素养的人就是知道怎样开展学习的人。他们知道怎样学习，怎样组织信息、寻找信息、利用信息，他们具有终身学习的意识"[3]。当前，关于信息素养还没有形成统一的定义。被大家普遍接受的定义是：信息素养是在信息社会中，人们应该具备的信息意识以及操作信息技术的能力。

体育教师应该具备的信息素养主要包含以下五方面：信息意识、信息知识、信息能力、信息和课程整合能力以及信息伦理。

1. 信息意识

信息意识是信息素养中不可或缺的部分，它实际上就是人们在信息活动中产生的观念、认识的总和。教师的信息意识主要指教师的信息敏感度，身为教师要具有敏锐的观察力与持久的注意力，可以及时发现有效信息，并且将这些信息进行整合，充分发挥其作用。教师只有具备良好的信息意识，才能敏感地感知信息，主动地挖掘信息，充分地利用信息。信息意识是教师发展其他信息素养的基础，也是教师开展信息化体育教学的前提，如果没有信息意识，那么其他的信息素养以及信息化教学就无从谈起。

2. 信息知识

信息知识是构成信息素养的重要部分，它主要指与信息相关的知识内容。信息知识的

---

[1] 王理：《信息素养》，科学出版社2010年版，第12页。
[2] 同上。
[3] 焦建利：《教师的信息素养》，载中国信息技术教育2017年第9期。

范畴较广，既包括信息的基本知识，如信息理论知识、对信息与信息化的理解、信息化方法等，也包括信息技术知识，如信息技术原理、软硬件知识、对信息技术发展的认识等。要想开展信息化教学，教师就必须掌握充足的信息知识，并且要不断更新自己的知识库，始终保持学习新知识的状态。

3. 信息能力

构成信息素养的核心要素就是信息能力，主要指教师对信息技术系统的使用能力，还包括获取信息、分析信息、加工信息、评价信息、传递信息以及创造信息的能力。具体来说，教师应具备以下几种信息能力：第一，计算机基本技能，教师应该熟练应用 Word、Excel 及一些常用软件对教学信息进行处理，还要具备使用计算机批改试卷、编写试题的能力；第二，多媒体技能，多媒体技术为信息化教学提供了极大的帮助，能够有效提高教育质量，教师应具备合理选择多媒体教学素材、制作多媒体教学课件的能力；第三，网络技能，互联网技术对教育领域有着重要影响，教师应具备基本的网络知识素养，掌握基础的计算机网络技能，能够熟练地借助网络查找收集信息数据，传送教学文件，开展网络教学，能够通过新兴的社交软件与学生进行交流，在网络教学平台上发表自己的教学观点。

4. 信息和课程整合能力

信息和课程整合能力是指教师能够按照具体的课程，遵循合理的教学原则，借助各种信息技术来设计教学活动，以此提升教学效果。只有具备了信息和课程整合的能力，教师才能将各种不同的信息技术与具体的课程优化组合，使信息技术完美地融入课程教学中，充分发挥其积极作用，进而从整体上提升教学质量。

5. 信息伦理

信息伦理也是信息素养中的重要内容，它主要包含信息安全与信息道德两方面。信息伦理要求教师在获取信息、利用信息以及传播信息时要遵循伦理规范，不能伤害其他人以及社会的合法权益。因此，教师必须了解一些与信息安全相关的、防范计算机病毒、抵制计算机犯罪的知识。在信息化教学中，教师还要具备良好的信息道德，首先要保证教学内容的科学性、合理性，其次要尊重他人的知识成果，不能随意盗用。

信息素养的构成部分既相互独立，又具有一定的联系。通常情况下，信息意识的加强可以提升信息技能的水平，反过来信息技能的提升也会促进信息意识的增强；信息技能的提升可以促进信息安全的发展，反过来信息安全意识的增强又能促进信息技能的发展。

（二）教师信息化素养的特点

信息素养是人们在解决问题时所表现出来的综合素质。也就是说，人们发现问题、分析问题、收集信息、寻找方法和工具、制订解决问题的方案、评价问题直到最终解决问题的全过程都体现着自身的综合信息素养。具体来看，信息素养包括以下几个特点：

（1）综合性。信息素养具有综合型，它是人的基本素质之一，体现在多方面，主要是指人在解决问题的过程中综合表现出来的能力。信息素养不只与信息知识、信息技术、信息能力相关，它还与具体的问题相关。通常，信息素养越高的人解决问题的速度越快、使用的方法越有效。

（2）形成的长期性。信息素养具有长期性，也就是说，信息素养的形成需要长时间的积累与练习，不是短时间内就能轻易形成的。要想具备良好的信息素养，就必须不断地解决问题，并在此过程中学习知识、掌握知识、锻炼技能，长期的、大量的、反复的练习是提升信息素养的有效方法。此外，还要进行一定的总结与反思。

（3）解决问题的灵活性。信息素养要求人们在解决问题的过程中具备一定的灵活性，一般来说，一个问题的解决实际上有多种方案，同时实施方案的具体方法也有很多，具有良好信息素养的人可以根据具体问题快速找到问题核心，进而灵活地组合使用解决问题的方案与方法，更快、更好地解决问题。

4.创新性

信息素养具有创新性，通常，人们在解决问题时会产生新的想法，形成新的思路，进而探索出新的解决问题的方法，这就是信息素养创新性的主要体现。具有良好信息素养的人往往能够综合考虑问题的多方面，找到新的解决问题的路径，进而更加高效地解决问题。

二、提升体育教师信息能力应遵循的原则

（一）遵循系统性原则

人类已经进入信息社会，为了进一步适应信息社会的发展，人们必须具备一定的信息素养，这是当今时代对人的基本素质要求，对于体育教师也是如此。所以，在提升体育教师信息素养时，必须全方位地进行考虑，不仅要求教师要扎实掌握信息技术理论知识，而且还要了解信息伦理、信息安全等其他知识；不仅要求教师在体育教学过程中要具备信息消费意识，而且还要能够有意识地向学生共享知识，丰富学生的知识体系。最重要的是，体育教师必须将自己的信息能力运用到体育教学中去，实现信息技术与体育课程的整合，在整合过程中，教师可以进一步提升自己的信息能力；同时，体育课堂教学的效果也能得以提升，最重要的是，学生的信息素质也能够有所提升。

（二）遵循针对性原则

1.借助计算机和网络来获取信息的能力

计算机与网络是这个时代非常热门的字眼，尤其是在教育领域，这就要求每个教师都要具备熟练操作计算机、运用网络的能力。信息技术不仅带来了教学模式的改变，同时也带来了学生学习模式的改变，在信息化的学习环境中，学生学习质量的提高与自己的资源

获取能力有着密切的关系[①]。以前，教师可以在课前收集相关资料，以供学生学习；但是现在，教师需要积极鼓励、引导学生自行从互联网上获取知识，同时还要就获取的方法给予学生恰当的引导，以保证学生获取知识的效率与质量。如果从表层来看，在学生获取知识的过程中，教师的角色似乎被淡化了，其实不然，教师需要具备比以往更全面的素质，不仅要求教师自己要具备较高的信息能力，而且还要求其可以培养出信息能力强的学生。

2. 借助计算机和网络等信息技术进行教学的能力

随着教育信息化的逐步推进，社会上涌现出来的一些新的信息技术开始在体育课堂上使用，这些信息技术进一步增强了教师与学生间的互动，同时还让体育课堂教学的有效性得以实现。利用这些信息技术，教师可以给学生提供更加多样的内容，同时也能选择更加合适的教学模式，这样学生也会获得不错的学习体验，从而更加自觉地进行体育知识学习。

（三）遵循分层次原则

教师信息素养的获得与提高可以通过培训进行，但是在培训过程中，学校要清楚的是：每一个教师生长的环境不同，教育背景不同，这就要求学校必须根据教师的实际情况进行分层次培训。一般来说，培训的内容主要包括以下三方面：

1. 普及层面

这一层面的内容涉及普及最基础的信息技术，培训对象为那些信息能力比较差的教师，不仅培训他们的信息知识，而且还会培训相应的信息技能[②]。进行这些基础培训的主要目的是要让教师充分掌握信息技术的一些基础操作与技能，同时，还需要指出的是：这一培训模式具有较强的模仿性，也带有一定的强制性，不少学校已经出台相关规定，要求教师必须满足这一基本要求。

2. 提高层面

一些掌握了基本信息技术的教师将是重点培训对象。要求教师不仅要能扎实掌握这些信息技术，而且还能在体育课堂教学中灵活应用，也就是说，实现信息技术与体育课程的有效融合[③]。培养的目的是让教师掌握其必须掌握的基本技术，同时还能将这些技术进行内化，转化为教师可以在课堂上应用的能力。

3. 深入层面

这是对教师信息素养培养的最高层面，主要的培养对象是信息技术骨干。要求他们不仅能全面掌握信息技术，还能在很大程度上创造性地运用这些技术，更重要的是，还能根

①林文强：《高等师范院校的信息素养教育》，载福建师范大学学报（哲学社会科学版）1999年第1期。

②刘宇芳：《我国教师信息素养问题浅析》，载高等函授学报（哲学社会科学版）2003年第5期。

③王婧：《提升教师的信息素养：实现高等教育信息化的关键》，载江苏高教2004年第4期。

据这些技术与课程要求挖掘资源、开发软件[1]。对他们进行培养的目的就是使其可以通过自己较强的信息技术能力指导其他教师，从而使全校的信息技术能力都能有所提高。

三、体育教师信息能力的提升策略

（一）基于国家宏观层面

1. 保证政策支持，加大经费投入

国家要重视学校信息化建设，颁布一些能够促进教师信息能力提高的政策，同时还要尝试放权，让学校可以在教育信息化过程中拥有较大的自主权，提升教师的地位；教师信息能力的提高需要大量的资金，国家应为学校与教师排除这一后顾之忧，注意向学校提供资金，鼓励教师进行技术革新；改变学校教育信息化考核机制，在原有考核机制的基础上加入地区性的考核机制，从而在更加广阔的范围内加强学校信息化考核，让教师的信息素养可以获得全方位检验；还要重视教师的专业化发展问题，对于那些在信息技术与体育课程融合过程中做出突出贡献的教师，要给予适当的奖励。同时，还要进一步完善教育信息化政策制定与运行机制，让教师可以积极地参与进来。

2. 加强资源建设，发展交流平台

学校不应该闭门造车，而应以开放的眼光看待教师信息能力的提高问题，一方面，可以向其他国家学校学习先进的教学信息化经验；另一方面，要进一步加强与企业的合作，借助企业的研发力量，为学校提供信息化教育平台。同时，利用这些信息化教育平台，教师还能完成更加高效的互动，例如共享教育资源。还要为教师建设资源库，不过，资源库的建立要结合教师的实际需求。

3. 转变建设思路，整合系统资源

当前，学校教学信息化建设还有很长的一段路要走，其中还存在不少问题，出现这一问题的原因有很多，主要的原因在于：在学校内部，教学组织林立，且职责并不清晰，这就使学术权力受到了行政权力以及组织权力等多方面的威胁与制约。所以，教学信息化必须突破教学组织的壁垒，改变原有的教学信息化建设思路，在紧抓软硬件资源的基础上，加强教师的理论培训，优化各教学组织的职能，从而形成更为科学的教学信息化建设方案；要真正打破原有教学的思维惯性，从根本上提高教学的质量，使信息技术可以全方位融入学校教学中。不少学校在建设过程中依然选择以理论建设为核心，这显然是非常错误的，可以选择一些在教学信息化建设过程中有着不错成果的学校，将他们的先进经验推广开来，从实践出发，让其他学校了解建设不应该只着眼于理论层面，而是要回到应用与创新上。

---

[1]陈熙仁：《提高教师信息技术素养实现基础教育跳跃式发展》，载江西科技师范学院学报2003第5期。

（二）基于教育行政部门层面

1. 积极转变观念，认识到信息素养教育的紧迫性

人的行为总是会受到思想的指导，因此要真正提高教师的信息能力水平，就必须让教师从思想上重视这一问题。教育信息化改变了传统的教学环境，让教学环境得以真正优化，教师在优化的教学环境中能够更加自如地践行自己的教学理念。信息技术与体育教学实现融合是时代发展，也是体育教学发展的趋势，各教育主管部门必须清醒地认识到这一问题，认识到体育教师在这一过程中的重要作用，从而采取一切手段转变教师的教学理念，提高教师的信息能力。

2. 为提高教师信息技术水平创造条件

教师在上岗之前会接受很多的培训，但是当教师真正上岗之后，其还要面对繁重的教学任务，因此，接受培训的机会并不多。但是，随着教育信息化进程的不断推进，教师必须逐步提高自己的信息能力，这就要求学校在对教师进行信息素养培训时可以从教师教学的实际出发，采取更加灵活的方式。一般来说，对在职教师进行培训的方式主要有以下几种：

（1）专业进修。这种方式是教师为了获得更高的学位或者专业水平而参与的进修活动，由于是涉及专业内的一种培训，所以一般培训的内容都比较系统，且有一定的难度。需要指出的是，并不是所有的教师都会接受专业进修，也就是说，这种培训方式并不具备一定的普遍性。

（2）短期培训。这种培训活动一般都是由各地方院校以及教育管理部门共同牵头的，培训的范围比较大，但是培训的时间并不长。比如，由当地教育主管部门组织的所属地域范围内的各大学校骨干教师培训就是短期培训的一种形式。

（3）校本培训。这是在本校范围内进行的一种培训活动，通常是在教师寒暑假或者周末进行。这种培训的模式也是多种多样的，可以是专题讲座，也可以是教学观摩等。培训的内容比较有针对性，同时还具有很强的实用性，又因为可以将信息技术与体育课程有效结合起来，所以，培训的效果一般非常好。

（4）自发研修。这是教师自发进行的提高信息技能的活动，教师在闲暇时间可以阅读与教育信息技术有关的专业书籍与期刊，也可以参与一些与信息技术有关的研讨会。同时，还可以积极参与信息技术教研活动。

通常情况下，在具体进行教师信息技术培训时，需要在以下几方面着手：第一，健全教师信息技术培训体系。教师信息技术培训工作是一个长期的工作，它必须贯穿教师职前与在职的每个环节中，既要在教师没有到岗之前对其进行信息技术基础知识的培训，也要在其到岗之后，对其进行较为全面的信息技术培训以及信息技能提高培训。第二，丰富教师信息技术的培训内容。教师信息技术培训不能着眼于表面，仅仅对教师进行信息技术理论知识与基础技能操作的培训，而是应该结合体育学科的特点以及体育教师的实际需要，对其开展有针对性的培训。第三，完善教师信息素养评价机制。教师信息素养培养工作需要监督与考核，才能确保工作的顺利开展。因此，教育主管部门应该重视对教师信息素养的评价，建立相应的评价机制，评价机制不能像过去一样重视教师通用信息技术的掌握情况，而是要重视教师进行技术与课程融合的能力。通过对教师信息素养进行评价，教师可以进一步认识信息技术，同时也能逐步加深对信息技术与课程融合的了解。同时，教师还要将自己的情况积极进行反馈，从而使教师信息素养评价机制能够更加完善，教师也能够在提高自我信息素养方面有着更加科学的指导。

此外，要充分利用一切可以利用的渠道，对教师信息素养培养的过程进行关注；还要调动其他部门的力量，运用远程教育手段共享教育资源，使不同学校的教师之间可以进行友好互动与交流。

（三）基于学校层面

1. 构建专门机构，推动专业发展

在信息时代背景下，学校体育教学也必然有其发展的趋势——教学信息化。国外在设置教师教学发展体系方面有着较为成熟的经验，所以我们可以借鉴国外先进的经验，在结合中国教师培养实际的基础上，创新出适合自己的教师培养模式。

为进一步推进教学改革，提高教学质量，学校要形成为教师服务的意识，整合多方教学资源，为教师建立良好的培训机制。最重要的是，要为教师建立教师发展中心，能有一个专门的机构负责教师工作，这样就能使教师获得更加高效的服务，同时，其信息素养培养也会更加科学。

（1）突出服务意识，内在引导教师的教学行为。教师教学发展中心在给教师提供服务时不能想当然，而是要从教师的实际需求出发。一方面，每个教师都是不一样的，在教学理念、模式等方面有着显著差异，这就要求教师教学发展中心可以向教师提供个性化教学咨询服务，可以邀请一些在教育领域有影响力的专家坐镇；另一方面，对于那些在教学过程中尽了力却没有获得理想的教学效果的教师，要为他们建立档案，根据教师教学效果不佳的原因有针对性地对教师进行帮扶，最好可以深入教师的课堂，从实际出发为教师提供信息化教学的可行化建议。

（2）整合统筹教学资源，通过教学交流和教学研究提升教师教学能力。教师教学发展中心首先必须明确自己的地位，在此基础上要赢得学校的支持，然后在学校各部门的配合下推动教师发展工作，从而有效保证了教师间的互动与交流。另外，教师教学能力提升的一个关键在于教师自身的反思，因此，教师教学中心也应该认识到这一问题，在教师专业发展理论的支持下，在教师课堂教学实际情况的基础上，创新教学介入模式，让教师可以全面地对自己的教学过程进行审视，从而使其可以更加了解自己的教学优势与不足。学校还可以为教师组织一些教学研讨会与咨询会，让教师彼此进行交流，从而使其可以从别

的教师那里了解教学信息化的其他方法，促进自身能力的提升。

（3）要实行灵活多样、长期有效的培训机制。教师教学能力的提升除了需要教师自觉加强教育教学知识的学习之外，还需要对新、青年教师培训，因为这部分教师教学经验不足，容易在教学中不知所措。

当前，体育教师培训工作其实开展得并不顺利，培训内容陈旧、培训方式单一等固有问题依然存在，这导致教师培训的效果非常不好。对于这些问题，学校必须转变固有的培训观念，在借鉴其他学校培训经验、结合本校教师实际情况的基础上探索新的培训模式，从而进一步丰富培训模式体系，让教师可以获得更加丰富的培训体验。

首先，从培训内容上来看，在职前要重视对理论知识的培训，而到了职后，则需要对实践加强培训；从培训方法上来看，要根据每个教师的特点对其进行分组，这样就可以对每组有同样问题的教师开展针对性培训，有效提高了培训的质量与效率。其次，要将传统培训与网络培训有效结合起来，学校要充分利用互联网，为教师构建一个高效的培训平台，这样教师不仅可以在线下接受培训，也可以在线上接受培训。同时，一些教师在线下不敢提出的问题，在线上也可以随意提出。最后，学校还要为每一位教师建立电子档案成长，及时掌握每一位教师的培训轨迹与实际情况，从而根据教师的实际，制订后续的培训计划。

2. 完善评价体系，保障激励机制

（1）建立合理的教师评价制度，完善指标体系和反馈程序。过去，教师评价制度比较单一，无法确保评价的科学性，因此，要从多角度出发，结合本校教师与学生的评价，进一步完善教师评价制度；要重视对教学质量评价指标体系的研究，要认识到教学是一个复杂的活动，其中每一个要素的变化都会带来整个教学系统的变化，因此，要对教师、学生、外部环境等教学要素进行重点分析，并在此基础上制定更加合理的量化评价指标；还要加强对评价结果的反馈，这样教师就能认识到自己在教学过程中存在的不足，进而在后续教学过程中进行调整与改善，保证教学的质量。

（2）要注重政策制度导向，保障教师教学能力的长效发展。首行，教师的主要工作是教学，但是在教学之外还有研究任务，学校要鼓励教师积极进行教学实践、教学理论等层面的研究，为教师的研究提供资金支持，从而进一步激发教师研究的积极性；其次，要特别重视对教师进行精神层面的鼓励，在全校范围内培养信息化教学带头人，加强团队建设，从而让他们成为推动信息化教学发展的重要力量。学校领导要进一步确立教师培养在学校工作中的重要地位，转变教师培养理念，引导教师全身心地投入教学工作中；还要进一步规范教师的行为，采取一切必要的手段激励教师进行教学设计的优化工作，从而有效提高教学的质量；从信息化领域引入一批人才，从而使信息技术与课程教学的融合可以更具科学性与合理性；在信息技术的帮助下，建立相应的教师教学质量分析系统，从而全面掌握教师的教学动态，清楚教师的教学问题。

（3）建立良好的激励支持环境系统。学校应借助信息技术为教师构建一个良好的教学环境，同时还要为其建立一个可以相互交流的学习平台，这样就为教师教学能力的培养与提高提供了坚实的物质基础。同时，学校还应该加大对信息化硬件设施的投资，将那些能够促进教育信息化发展的信息技术设备引入校园之中，同时还要加大对校园信息资源的优化，从而对信息化资源进行科学的管理；在总结教学现状的基础上探析教育教学规律，并在校园内为学生营造一种自主学习氛围，同时更要为教师之间的互相学习提供方便，让他们可以在信息交流平台上完成教学资源的共享与交流。

3. 促进科教融合，指引教学创新

在信息技术的辅助下，知识的更新速度变快了，这就要求教师可以时刻在专业知识学习方面保持较强的渗透性与前沿性，能时刻把握专业知识的研究轨迹，也就是说，要从学术角度对专业知识予以把握，这种对学术研究成果进行把握与总结的活动就是一种学术活动。同时这也表明，教师的教学活动必须与教学的学术性要求相一致，可见，教学不仅是一种单纯的教师教、学生学的活动，它还有大量的学术成果的应用。将教学与科研结合起来就是科教融合，科教融合是十分重要的，它实现了科研成果向应用的转化，同时还有助于教学模式从以教师为中心向以学生为中心发生改变，更重要的是，它在提高教学质量的同时，还进一步丰富了学术研究的成果体系。

（1）应努力推进教学与科研的互动机制，增加教师的科研活动。"教学研究活动也是促进教学发展的一个利器，在研究成果的催化下，教师的教学观念发生了巨大的改变，教师的教学内容与教学方法也同时变化显著，这些教学层面的变化深刻影响了学生的学习，学生的学习方式也因此发生了变化。"[1]大量的研究成果已经表明，科教融合是一个将科研与教学有效融合的手段，学校既重视教学，又重视科研，因此，要求教师可以将科研与教学融合起来，实现二者的相互影响、相互作用。这样教师可以将科研成果应用到教学中来，教学实践也可以给予教师以科研思路与启发，从而确保教师可以完成更好的教学研究[2]。在进行教学与科研活动时，要鼓励教师积极使用信息技术，从而促进教学与科研的发展与进步。

（2）要积极整合课程研究与信息技术，创新教学模式。教师要摆脱原有的传统教学理念，将先进的、科学的教学理念融入教学中，还要根据学生的需求转变教学结构，在教学的每个环节中尽量使用信息技术，为学生营造真实的、有趣的情境，从而在较大程度上激发学生的积极性。虽然信息技术与课程整合并不容易，但是学校要积极鼓励教师进行这一方面的工作，努力探索整合的规律；在信息技术与课程整合的过程中，教师可以获得更为先进的教学理念，同时也能探索出更适合学生的新的教学模式。

（3）集中建设、推广应用精品在线开放课程。学校应根据教育部的相关政策，将精

---

①熊建辉：《以教育信息化推动教师专业化——访联合国教科文组织教师发展与高等教育司司长戴维·阿乔莱那》，载全球教育展望2013年第11期。

②莫甲凤：《MOOC 时代如何提升大学教师教学能力》，中国地质大学学报（社会科学版）2014年第5期。

品在线开放课程引到教学中，并在分析本校教学实际的前提下，在本校内部推出一批优质的精品课程。当这些课程被推出来之后，学校就可以组织教师进行观摩与交流，这样就让教师了解到了信息技术在教学中的重要性，同时也认识到了精品课程与信息技术相结合的"威力"。

（四）基于教师自身层面

1. 提高绩效期望

信息技术能够满足教师应用信息技术改善教学的需求，这就是绩效期望，一般来说，绩效期望可以极大地影响教师运用信息技术开展教学活动的意愿。

（1）让体育教师融入信息技术的环境。学校应加大资金投入，从整体上提高全校的信息化办公水平，让教师感受到信息化带来的便捷；同时，还要组织教师参观那些在教学信息化方面做得好的学校，让他们与这些学校的教师进行深入交流，从而了解别人优秀的教学经验，这对于提升自身教学能力至关重要。

（2）贴合体育教师需求的技术研发。研发部门在进行技术研发时当然要考虑世界技术发展的趋势，考虑国内外教育发展的趋势，但是，每个地区、每个学校的教育情况是不一样的，因此，不能一味地与世界趋势相一致，而忽略了教育的本土化特征。应该在考虑本地区、本校教师实际需求的情况下进行技术的研发，这样研发出来的技术才能在课堂上发挥巨大功效。

2. 提升努力期望

信息技术在教学中的应用变得相对容易，教师使用信息技术的意愿就会越强烈，这就是努力期望，它同样也会影响教师对信息技术的使用意愿。

（1）简化体育教师对信息系统的操作程序。教师在使用信息技术进行办公、教学的过程中，可以感受到信息技能操作是在自己的可操作范围之内的，这就说明教师达到了信息技术的努力期望。所以，体育教师所使用的信息技术应该尽量简洁、易操作，同时在内容上也要更加趋于智能化。

（2）学校建立相关技术和学术指导部门。建立这一部门的主要目的是对教师进行有计划的培训与指导，这样才能保证教师培训的有效性，同时也能有助于显著提高教师的信息能力。在培训过程中，相关部门必须创新培训模式，可以采用互帮小组、学术沙龙等形式开展培训，一方面，这能够增进教师之间的了解；另一方面，还能让教师获得从不同视野看问题的能力。在相关部门的指导下，在教师自己的努力下，他们将会更加容易掌握信息技术，并能在课堂教学中高效地应用。

3. 改变社群影响

教师周围的同事与朋友等使用信息技术的行为与感受对其所产生的影响就是社群影响，而且这种影响也特别显著。因此，学校可以经常组织教师畅谈使用信息技术的心得，这样教师就能从别人那里了解其他人使用信息技术的感受，如果别人的使用感受不错，教师也会自觉地接受信息技术，在课堂教学中使用信息技术。

（1）学校层面建立有效的奖励机制。学校应该建立一套完善的奖励机制，鼓励教师进行基于信息技术的教学方法革新，对于取得创新成果的教师，学校可适当给予其一定的资金鼓励，这样教师不仅获得了进行科学研究的乐趣，而且还能在物质上获得满足，此后，教师势必更加愿意在教学中应用信息技术。

（2）建立有关信息技术的学术沙龙。学校可以将对信息技术在教学中的应用这一问题有兴趣的教师集合起来，建立一个相关的学术沙龙，教师可通过商量确立每周或每月在哪一个具体的时间举行交流会，教师可在交流会上探讨自己在应用信息技术过程中出现的问题，也可以展示自己信息技术应用的成果，从而使教师可以实现彼此的积极影响。

4. 增强自我效能感

教师利用信息技术完成教学的自信程度就是自我效能感，效能感越高，教师认为自己利用信息技术完成教学的信心就越强。要想提高教师的自我效能感首先就是要让教师全面掌握有关信息技术的知识，提高其信息能力。因此，学校要注意加强对教师进行信息技术知识与技能方面的培训，从而使教师可以坚定自己在教学中高效运用信息技术的信念。

（1）提高体育教师的信息意识。通过阅读与信息技术相关的书籍，教师是可以提高自己的信息意识的，所以，学校应开放图书馆的所有资源，同时利用电子图书馆为教师提供实时指导，这样教师就能随时随地学习信息技术知识。

（2）提高体育教师的信息技能。教师信息技能的获得与提高必然要从实践中来，因此，教育管理部门与学校要多为教师提供培训的机会，不仅要提高他们信息技术理论知识，而且还要给予他们实操的机会，在实践操作中教师的信息技能才能得以提升。

第二节　小学体育教师专业发展概述

一、小学体育教师的专业理念

从一定程度上来说，专业理念可以决定体育教师在课堂上的教学行为，也就是说，它可以指导体育教学活动的开展。一名合格的体育教师，其必须具备以下几种专业理念：

（一）正确审视新教育改革下的师生关系

教师是教学系统的一部分，在时代发展过程中，外部环境推动了教学系统的变革，这也让教师这一教学要素发生了改变；同时随着时代的发展变化，教师也不能教法固定，而随着时代的发展而发展。

中国当前的教育改革要求教学应该以学生为中心，这就要求教师必须转变固有教学理念，要摆脱自己的权威角色，关注学生的学习需求，了解学生的学习兴趣，从学生学习的实际出发制订教学计划，选择教学策略。过去的教学活动一般是教师的独角戏，学生在教学过程中并没有获得较高的参与度，因此，教师在教学过程中，必须重视学生，积极引导学生参与到教学活动中来，注意培养他们进行学习探究的兴趣，最重要的是，要培养学生分析、解决问题的能力，因为在分析、解决问题的过程中，学生能够激发自己的主观能动性。

在新的教学要求下，教师要彻底摒弃以自己为主导的教学理念，以学生为主导，采取一切可行的办法激发学生的能动性，让其自觉进行自主探究，而不是习惯地接受教师的指导。教师的身份发生了明显的变化，他们不再是绝对的"教育者"，他们也具有了"学习者"的身份，这是一个知识爆炸的时代，教师不再是课堂的权威，学会学习不再是对学生的要求，同时也是对教师的要求，要求教师可以根据时代的发展变化不断加强自身专业学习与信息技术的学习，从而实现与学生的共同进步。

（二）树立正确的教学观

与其他学科相比，体育学科在教学方面有着自身的特征，主要包括以下四点：教学场地的开放性、教学内容形式的技艺性、教学方法的直接性、身体练习的负荷性，其中最显著的差异体现在教学内容的技艺性上。在体育教学中，教师为了更清楚地讲解某一个技术动作，一般会进行讲解、示范，在教师的讲解、示范中，学生可以较为全面地掌握技术要点，这一教学模式是传统体育教学中最基础的模式之一，因此为大多数教师所使用。这同时也在表明，传统体育教学过于重视运动技术，这让教师成为只是传授学生技能的角色，很明显，这种教学模式是非常低级的、单一的。如果体育教师仅仅是以这一角色存在，那么，他的专业性是要被怀疑的，也就是说，教师的任务是简单的，他是可以为其他人所取代的。倘若只是从运动技术来说，其水平肯定比不过专业运动员。因此，体育教师在教学中不应该只是单纯地传授给学生运动技能，而是要对学生进行全面的培养，培养学生正确的体育观与价值观，从而让学生养成良好的运动意识与运动习惯。只有这样，学生才能更加深入地认识与了解体育运动，同时也能更加热爱体育运动。

二、小学体育教师的专业知识与专业技能

体育教师的专业知识决定了其教学能力，同时也是其个人素质的一个不容忽视的要素。值得一提的是，专业知识并不是固定不变的，它总是随着教师自我经验的不断丰富而发展变化。在笔者看来，体育教师的专业知识与专业技能主要包括以下几方面的内容：

（一）科学文化知识

体育是一门综合性学科，它也与其他不少学科相互交叉，例如教育学、心理学等，这

就拓展了体育学科的范围，同时也对体育教师提出了较高的要求，要求体育教师不仅要了解体育学科的知识，而且还要了解相关学科的知识，最重要的是，教师还要具备能将所有知识整合起来的能力。

体育教师必须清楚的是：体育教学的任务绝对不仅是增强学生的体质，而是应该着眼于对"人"的塑造，也就是说，在体育教学过程中，教师要体现出对学生的"人文关怀"，而这不可能是只靠体育学科知识与技能知识所能满足的。[①]

所以，这就要求体育教师不仅要成为运动知识与技能的传授者，而且还应该成为学生人生道路上的引路人。教师要具备丰富的知识，并且能将这些知识较好地运用到课堂中，才能获得学生的信赖与尊重，同时也能让学生了解到更多的知识，充实其知识体系结构。教师所具有的丰富知识是其自身素养的基本要求，是每一位体育教师都应该具备的。

（二）体育学科的专业知识与技能

教学是一个复杂的活动，教师如果想要更好地完成教学任务，其就必须掌握丰富的专业知识与技能。

体育教师与其他学科的教师有着显著的差异，他们不仅要掌握扎实的理论知识，还要具备良好的运动技能。理论知识的讲授相对来说比较容易，运动技能的传授就没那么容易，需要教师亲自示范。这其实也在表明，体育教师不应该仅仅是一个运动技能传授者，作为一名体育教师，他首先就应该是一位运动技能传授者。因此可以说，体育教师必须具备体育专业知识与技能。

（三）教育专业知识

杜威曾经提出："教师为什么要了解心理学、教育史以及各种教学方法？主要的原因有两个：第一，借助这些学科知识，教师可以了解学生在课堂上的反应，从而根据学生的学习反应制订后续的教学计划；第二，这些知识都是被人所验证过的科学的知识，在教学中，教师可以利用这些知识指导学生。"[②] 通过杜威的话也可以看出，对体育教师来说，他们不仅要掌握体育专业知识，而且还要学习一些教育专业知识，通常来说，体育教师需要了解的教育专业知识主要包括以下部分。

（1）一般教育学知识。一般教育学知识的内容非常广泛，不仅涉及教育基本理论、教育心理学，而且还包括教育社会学、教育科学研究等。任何一门学科的教师都需要掌握这些知识，体育教师也不例外。

（2）体育学科教学知识。体育学科知识系统性强、专业性强，有一些基础理论知识，同时还包括一些技能知识。对于体育教师来说，他不仅要在体育课堂上教授学生体育基础理论知识，而且还要在体育实践课堂上教授学生体育技能知识。

---

①向家俊：《体育教育专业学生术科能力欠缺的原因及解决对策》，体育学刊2007年第4期。
②李尚明：《教师专业化发展趋势及现代教师培养方式研究》，教育与职业2007年第17期。

第三节　小学体育教师专业发展的途径与策略

一、小学体育教师的职前教育

（一）以专业化取向革新体育教师职前教育课程体系

与其他学科的教师相比，体育教师的社会地位以及专业地位则更为低下，"同工不同酬"是一些学校体育教师经常面临的问题。长期以来，不仅优秀学生报考体育教育专业的相对不多，而且没有经过体育教育专业学习的人也常挤进体育教师队伍。退伍军人、退役运动员直接从事体育教学是常见的现象，以至于体育教师形象有了"军人""教练员"的色彩，而缺少"体育教育者、育人者"的形象。这说明，体育教师的社会地位及专业地位有待提高。其途径虽然很多，但提高体育教师的专业化程度则是更为重要的途径，而这最终要通过体育教育专业课程的专业化来落实。以往体育教育专业课程改革中的一个问题就是过于强调"学科"与"术科"的比例，其隐含的前提仍是基于一次性本科教育即可培养优秀体育教师的理念，这种理念并不把体育教学工作看作专业性工作，也不把体育教师看成是需要不断学习和探索才能趋于成熟的专业人员。实际上，"学科"与"术科"只是体育教师专业发展诸多内涵中的一方面。所以，体育教学的专业化发展就成为体育教学改革的一大方向。

目前，教师专业化发展已经把教学工作看成是一种专业性工作，教师也是一种专业性人员，所以，教师教育专业化发展的实施不仅要以教学工作的性质为依据，而且还要以教师专业发展的要求为依据。

按照一定的方向组织起来的课程体系就是专业的实体。因此，从教育内容的层面上来看，如果要体现体育教育专业的专业化，就必然要从体育专业课程体系来实现。因此，试图通过体育教师专业化发展来提高教学质量的体育教育改革，在改革方向上必然要以课程改革为主。笔者揭示了体育教育课程改革专业化取向的实质：就是要以体育教师专业发展为核心，推动专业课程体系的构建，同时还要让体育教师的专业发展为课程改革提供重要支撑。这不只是对师范教育专业化趋势的顺应，也是基于对以往体育教师社会地位及专业地位的反思。[①]

（二）建立健全体育教育学学科体系

早期体育教育专业更多地依赖于教育学、心理学、生物学和医学学科为学科基础，之

---

①王健：《体育专业课程的发展及改革》，华中师范大学出版社2003年版，第149页。

后，体育教学法、教学理论等可以将体育学科特点反映出来的课程开始为人们所重视。总之，以培养体育师资为主要任务的体育教育专业是建立在体育科学、人体科学、体育教育学等学科之上的，这不仅可以从专业课程中体现出来，也可以从国家的相关文件中体现出来。不过，从中国体育教育的课程体系中，我们可以发现，在以上三类学科中，中国学界对体育教学学类课程的开发明显存在不足，能将体育学科知识反映出来的课程主要有两个，一个是"体育理论"，另一个则是"学校体育学"，这其实已经反映出，体育研究界对这一学科研究内容并没有多么重视，而我们所忽视的这一类课程恰恰正是能够反映出体育教育专业特征的课程。专业性的职业不仅应该需要一些基础学科来支撑，而且还需要能够体现专业特性的学科来支撑；同理，专业教育在拥有基础课程的同时还要拥有体现专业教育的支撑课程，如果没有这类专业课程，专业教育也就不复存在了。这里所说的职称课程其实就是指专业课，这是一类与基础课程相对应的课程，目的是让学生掌握相关专业知识与技能。如果说，在体育专业教育还只是以培养体育教师为本、体育专业教育还没有分化的情况下，我们不强调专业的支撑学科或课程还可以理解的话，那么在体育专业教育已经分化且各专业已有明确培养指向的现今，专业教育就应该因时而变，应该有能够支撑专业存在与发展的学科与课程，只有这样才能为社会输出专门的人才。就体育教育专业来说，这一支撑学科无疑就是体育教育学，而支撑课程无疑就是与之相关的课程。

体育教育专业课程改革走专业化道路的一个要求就是要建构专业化的课程体系，该体系一方面必须有大量的专业基础课，另一方面还要能在较大程度上将体育教育以及教学的诸多特性反映出来。因此，我们必须明确体育教育专业的支撑学科以及课程，必须以体育教师专业发展的要求为依据，这样，专业化的课程体系才能真正建立起来，体育教育专业课程改革的要求也就实现了。由于我们长期以来对此有所忽视，在以往教育行政部门所颁发的体育专业教学计划中，"专业课"一词似乎被忽视了，取而代之的是"专业基础课"等。但是如果仔细深究的话就会发现，这些课程其实并不是所谓的"专业课"，他们与"专业课"有着本质的区别，二者是不一样的。之所以会出现这种提法，主要是两个原因导致的：第一，学界对体育教育教学的本质并没有清晰的认识，同时也没有清楚了解体育教师职业专业性这一问题；第二，没有认识到体育教育相关课程在具备专业化的同时，还具有非专业化属性。从其所列课程名称看，虽明显有别于其他非体育类师范专业，但尚难明显区分于其他相近的体育类专业。因为这类提法所包括的人体运动生理、人体运动解剖、田径、球类等课程，是各相关体育专业的共同基础理论和技术手段课，并非体育教育专业所独有，因而难以成为该专业的支撑课程即专业课。而以专业化为取向的体育教育专业课程改革，是有一定前提条件的，它的体育教育教学看作是专业工作，把体育教师看作一个专业性职业，这给专业教育提出了一些新的要求，要求他不仅要为教师的专业化发展提供必要的专业基础课，而且还要提供能够支撑专业发展的专业课，这里所说的专业课其实就是那些体育教育类课程。

在笔者看来，构建体育教育类课程必须从体育教育学学科的建设入手，这主要有两方面的原因：第一，所有课程的资源都是来自学科的，有了学科，课程才能得以构建，可以说，学科是课程的基础；第二，长期以来，学界对体育教育学学科研究的重视度不够，导致体育教育学学科的建设工作开展得并不顺利。因此，如果要进行以专业化为核心的体育教育课程改革，首先进行体育教育学学科建设是十分有必要的。

虽然一直以来没有那么重视体育教育学学科的相关研究，也没有对体育教育学的概念、学科体系等有深入探索，但是，学界依然明确了体育教育学的研究对象，不仅研究体育教育现象，而且还从深层次出发，研究体育教育的本质及发展规律。不过，需要指出的是，体育教育学的研究范围到现在还没有确定下来，体育教育的内容、目的、手段以及评价等都是现阶段研究的重点问题。认识体育教育学学科，还需要与体育理论、体育教材教法相联系，但是必须明确的一点是，后者的简单相加并不等于前者，所以，体育教育学学科的研究其实是非常复杂的，单从表明理论与教法来看，是片面的。体育理论与学校体育学的任务主要有两个：一个是要将学校体育工作的基本规律总结出来，另一个则是要论述学校体育工作的原理与方法，由于其"总括性"而难以对体育教育有关问题深入探索。而体育教材教法则着重各具体运动项目的教法分析，对体育教育的原理涉及不深。虽然，这二者包含体育教育学的部分内容，但如果从时代发展的角度来看，这些内容其实已经无法与时代发展相匹配了，是一种已经过时的内容。因此，这让许多学者开始转变研究方向，重新审视体育教育的本质，认为体育教育研究必须将健康教育研究纳入进来，体育课程改革问题已集中地提上日程，体育理论、学校体育学、体育教材教法三门学科已经无法适应时代发展与体育教学发展，建立并完善体育教育学科学是极其有必要的。

在构建体育教育学学科时，一般需要包括以下三方面的内容：第一，从哲学与原理意义层面上来看，不仅要探讨体育教育与人的身心发展、社会发展的关系，而且还要探讨教育的内容、目的以及方法等，包括体育教育思想史、各国体育教育比较等；第二，还要关注体育教育内容的实施与评价问题，具体说，包括构建体育课程论；第三，体育教学方法与体育学习方法的基本原理与实践，以及该领域的特殊性问题，具体说，包括体育教学论、运动技术学、体育方法学、体育评价学等。总之，体育教育学是一个学科群。在它的范围内，存在众多的具体学科，这些学科一起共同构成一个完整的体育教育学学科，包括运动学习论、运动技术学、体育教育评价论等多个分支领域。但对本科体育教育专业来说，不必以课程形式与其一一对应。这里还需要说明的是，体育学科构建问题并不只是本科阶段的问题，因为体育教师的专业化发展并不是一个阶段性过程，它是一个长期的过程，本科阶段只是这一长期过程中的一个环节。[①] 所以，完善体育教育学科体系，主要的目的就是为体育教师专业全程发展提供一些支撑课程。

二、小学体育教师的入职教育

（一）完善体育教师的入职教育制度

体育教师入职教育工作要有一个保障前提，那就是要建立相关规章制度，进行依法管

---

①黄爱峰：《体育教育专业的发展与改革》，华中师范大学出版社2008年版，第110页。

理。入职教育之前是职前教师培养，之后是职后教师教育，而它则是连接这两种教育的桥梁，更重要的是，它还是实现教师教育一体化的中间环节，起着重要的承上启下作用。如果想要将入职教育当作教师教育的中间环节来看待的话，那么，我们就必须进一步建立健全教师入职教育制度。

当前，中国还没有形成完备的对于初任教师入职教育的专门法律和规章，为了保障教师的权益，国家必须重视这一问题，尽快将教师入职教育的立法工作提上日程。为了加快这一法律的实施，还需要在制定与之相配套的政策，从而实现对教师入职教育的监督与评价。同时，还需要指出的是，可以将教师入职教育与教师资格、教师聘任制度等相挂钩，这样教师就必须认真对待入职教育，因为一旦其入职教育不成功，那么，其就会无法取得教师资格或者无法转正，从而监督教师入职教育扎扎实实地得到落实。

与此同时，各级地方政府、教育行政管理部门和学校应建立健全一套符合国家政策和自身实情的体育教师入职教育管理体系，这一体系必须是科学的，能将入职培训与考核结合起来，还能让教师入职教育变得更加规范、合理；同时，还可以将教师的参加入职教育与转正定级、晋升工资或职称联系起来，从而提高体育教师参加入职教育的积极性。

（二）研究并丰富体育教师入职教育的内容

根据体育教师的思想素质、能力水平等，同时还要与体育教育改革的新动向、新成果相结合，加强对教师成长规律、入职教育发展规律的理论研究，在总结一些体育教师入职教育成功经验的基础上，科学地制订教师入职教育工作计划，丰富入职教育内容。根据近年来体育教师入职教育的经验，目前应重点加强体育教师入职教育在师德修养和新知识、教育理念以及教育教学技术能力方面的培训，还要考虑体育学科的特点，在秉持有效性原则的基础上，与体育教学改革的理念、方向相一致的前提下，让准备入职的体育教师通过入职教育了解教学改革的相关知识，从而使其可以获得新的教育理念，更重要的是，还能保证入职教育所传授知识的科学性与先进性。

（三）完善体育教师入职教育的形式

1. 注重多种形式并举，突出培养自我反思能力

中国所有的初任体育教师入职教育活动安排一般都是通过行政命令系统实现的。行政部门让学校指派相关的初任体育教师参与行政单位组织的活动，也可以是行政单位明确指出学校应该组织什么样的活动，然后这些教师必须参加。这种情况之下，初任教师就始终处于一种被动的状态，他们参与什么活动只能听从学校或者行政单位的安排，因此很难将其主动性激发出来。而对于那些组织培训活动的单位，其完全忽视了初任体育教师的重要性，而是把完成任务放在第一位，这种方式是一种不折不扣的自上而下的行政管理主义的方式，因此很难取得好的培训效果。此外，学校还可以从其他学科在新教师入职工作使用的方法中汲取养分，例如，注册课程、网络支持等形式，这些形式不仅可以进一步帮助教

师挖掘优质的教学资源，而且还能为新教师学习优秀的教学经验提供方便。同时，学校应该考虑到这些新教师刚开始开展教学活动的不适应性，因此可帮助他们多组织一些教学讨论活动，让教师在讨论中交换教学心得，同时促进他们教学反思活动的开展；还要努力为这些新教师争取一些参与专业研讨会与座谈会的机会，让他们可以与相关领域中具有影响力的人物进行接触，从而从这些人物那里获得更多新的知识、新的启发；鼓励初任教师要多学习其他教师身上的优点，学习其他教师教学的长处，从而为我所用，不断提高自己的专业能力。

在多种培训模式的帮助下，不仅要提高初任教师的教学能力，而且还要提高他们的教学反思能力。这是因为反思能力可以让其了解自己在教学过程中的优势与不足，了解其在教学过程中投入的情感情况，从而使他们从整体上对自己的教学情况予以把握。当前，教学反思已经为大多数教师认可与接受，这是因为他们已经从反思中收获了不少教学的思路与想法，更重要的是，所有的教师一起反思还能让其了解到别人的教学思路，这样教师的教学思路将更加开阔，其教学技能也能得以提升。初任教师在与过去教学过程中的自己进行不断的对话，其就可以更加全面地认识自己以及自己所开展的教学活动，就是在这样的一次次的反思中，初任教师得以成长，反思的次数越多、力度越强，初任教师就越能迅速成长为专家型教师。提到教师反思就必须提教师反思的方法，这些方法非常多，不仅包括教学日志、课后小结，而且还包括教学研讨法、观摩法等，单独使用这些方法的效果有限，因此，不少教师选择将不同的方法合起来一起使用，从而进一步强化反思的效果。在初任教师中，最常用的反思方法主要有两种：一种是课后小结，另一种是教学日志。

2. 在实践过程中重视指导教师制的完善

大量的实践已经表明，学校培养教师的方法虽然有很多种，但是为大家所普遍适用的一种方法则为指导教师制。需要说明的是：这一制度可以由单个教师执行，也可以由教研组或者备课组等以小组的形式执行。不过，参与这项制度的教师多半是来自本校的一些比较有经验的名师。指导教师制让初任体育教师收获颇丰，指导教师帮助他们解决教学过程中的问题，帮助他们开拓新的教学思路，使他们少走了不少弯路，但是，还需要说明的是，每个学校的指导教师制都是根据各个学校的实际情况制定与实施的，所以该制度所取得的效果也是不同的，甚至在同一学校内部的效果也有着明显的差异。因此，在笔者看来，学校不能一味地实行指导教师制，而是需要考虑它的质量与效果，否则，只停留在制度层面，忽略实践的指导教师制就毫无意义可言。

对初任体育教师进行教学指导能否成功的一个关键要素就是指导教师。而在具体进行教学指导之前，首先需要确定什么样的教师才符合指导教师的要求，而当选择好指导教师之后，就可以对他们进行相关知识的系统培训。在培训期间，要将指导教师的职责范围确定下来，同时还要确定一下指导时间，这是因为每个初任教师之间是有着显著差异的，有的教师入职期只有半年，有的则长达一年、两年。在笔者看来，指导教师对初任教师的指导时间最好控制在 1 ~ 2 年，初任教师工作一年之后，可以对其工作进行考核，然后根据考核结果再决定是否还要对这些初任教师进行指导。

（四）增强体育教师入职教育的管理与考核评价

教师教育的一个重要环节就是入职教育，它连接职前教育与职后教育，起着承前启后的作用，涉及初任体育教师的任职学校、毕业院校、初任体育教师的培训机构、地方教育行政管理机构等多个部门及人员。根据体育教师入职教育的实际情况，发现只有构建完善的教师入职教育组织和管理体系，才能将涉及的机构与人员之间的关系协调好，也才能使入职教育的作用发挥到最好。从当前的情况来看，学校应该与地方教育行政部门、教师职前培养机构形成联动机制，共同组建教师入职教育组织与管理体系。例如，可以成立"初任教师指导委员会"，通过这一组织统一协调体育教师入职教育工作。

目前体育教师的入职教育基本没有考核评价环节。只有教育培训，没有考核评价，教师入职教育往往变成可有可无的形式，在具体工作中得不到重视。在入职教育中加入考核评价环节是非常有必要的，这是因为这一环节不仅能显著提高教师培训的质量，而且还能极大地提升参与培训教师的积极性，使其可以以更加饱满的热情投入培训中。考核评价的结果反过来又能进一步促进教师入职教育体系的完善，就是在这样的相互影响与促进中，体育教师入职教育得以顺利实施，入职评价体系也得以完善。评价方式的选择是多样的，可以由指导教师对初任体育教师进行评价，可以由学校对教师进行常规检查，也可以由学生对初任教师的教学进行反馈，等等。具体使用哪种评价方式需要指导教师与学校管理者进行商讨，一般来说，评价方式的使用并不单一，可以将几种评价方式结合起来使用，这样能增强评价的效果。

三、小学体育教师的职后教育

（一）应具有前瞻性与多样性

前瞻性指的是超前性、发展性。教育的属性之一是超前性，教育是面向未来的事业，教师职后教育更要具有超前意识。体育教师职后教育必须强调按需施教，让体育教师能学以致用，尤其是注意研究新动向、新技术，还要注重研究人才和技术的需求状况，持续地提供新资讯，使职后教育的发展始终走在前端，发挥对实际工作的超前指导作用。这要求我们提供的体育教师职后教育必须将重点放在更新体育教师教育观念，更新知识结构，不断完善教学手段、方式和内容，只有这样才能实现职后教育的超前性。

还要注意体育教师职后教育的多样性。体育教师的职后教育在时间和空间上与传统学校教育相比存在很大不同，体育教师职后教育的发展应试图将这些因素有机地整合，甚至应扩展到整个人的各方面，才能使体育教师的职后教育可持续发展。另外，职后教育的发展要考虑体育教师在不同的职业发展时期有不同的需求反映，根据不同的需求和反映，应体现出体育教师职后教育内容与方法的不同。体育教师职后教育的多样性也应体现在学校教育和社会教育的结合上，实现各种教育形式的综合统一。

（二）进一步细化教师职后教育的目标

教师专业化还关注教师职后教育，不仅为教师职后教育制定了总目标，而且设置了一些具体目标，同时还为具体目标的实现提供了建议。根据教师专业化的要求，我们在设计具体的培训项目时，应根据培训对象的不同，针对不同的培训需求，设置不同的具体职后教育目标。例如，在体育教师职后教育类别方面，我们可以细化为面向全体体育教师培训，这些培训可以是岗位培训，也可以是学历再提高培训。对培训的目标进行细致区分，有助于学校在制定与实施教师职后教育目标时具有一定的针对性。

目前，由于教师专业化发展的要求发生了变化，因此，体育教师职后教育的目标也发生了变化，过去的目标为"学历达标"，而现在的目标则侧重于"能力提升"。面向所有体育教师岗位培训的目标是要让所有体育教师可以形成正确的教育观念，形成完善的知识结构体系，具备较高的道德素质，能够自觉承担教学义务与责任。

学历再提高的培训目标是要让教师通过必要的培训实现自身学历的提升，学历的提升也意味着教师已经掌握了更为全面的知识，这同时也在表明体育教师的教学水平也会同时有所提高。

（三）加强职后教育与职前教育的有机衔接

体育教师职后教育的效果与质量，很大程度上取决于职后教育机制的完善。针对目前各级教育管理部门，尤其是基层学校对体育教师职后教育"讲起来重要，落实起来次要"的状况，应制定相关的政策与法规，通过必要的手段为教师职后教育提供可靠的保障；要为教师建立相应的激励机制，教师的教学任务繁重，对那些在自己岗位上尽职尽责的教师，学校最好给予一定的资金鼓励；体育教师专业发展的组织形式不应该固定、单一，而是应该呈现出多样化的发展趋势；还需要为职后教师专业发展建立必要的考核机制，通过上述手段来提高体育教师职后教育的质量，促进体育教师整体素质的提升。同时，针对体育教师职后教育培训与当前各校教师发展不相符的情况，各个学校应该统一教师专业发展的理念，将这一理念融入教师职前培养、入职培训与职后教育的环节中；同时，将每一个环节的教师发展任务都落实下来，从而实现教师专业发展每个环节的融会贯通，这样教师就实现了全面发展，也能进一步提高体育教师教育的质量。

第⑧章　小学体育与健康教学评价建议

第一节　树立正确的教学评价观

一般认为，体育教学评价是依据现代教育评价的理论，采用科学的评价方法，按照规范化的评价程序，对体育教学活动的状态和价值所进行的判断。尽管体育教学的评价方案层出不穷，但我国目前的体育教学评价基本上用的是一种模式：确定一个评价指标体系，制定一套评价用表，由特定的个人或群体对某堂课进行打分，然后综合统计，计算出总分，取得一个评价结果。那么，这一评价模式的科学性如何呢？本节对现行的体育教学评价模式加以评析。

一、体育教学的基本评价

（一）追求评价客观化的模式

我们一般根据教育评价目的不同，把评价分为形成性评价和总结性评价。形成性评价是通过诊断教育方案或计划、教育过程与活动中存在的问题，为正在进行的教育活动提供反馈信息，以提高实践中正在进行的教育活动质量的评价。一般地说，形成性评价不以区分评价对象的优良程度为目的，不重视对被评对象进行分等鉴定。总结性评价与此不同，它是在教育活动发生后关于教育效果的判断。一般地，它与分等鉴定、做出关于受教育者和教育者个体的决策、做出教育资源分配的决策相联系。

我国现行体育教学评价模式深受泰勒的目标达成度模式和布鲁姆的教育目标分类理论影响。泰勒模式的核心是评定目标达到的程度，把预定结果与实际结果进行比较。布鲁姆的教育目标分类学则是要把模糊的教育目标变为具体的、可操作的，从而也可进行评价的目标。可见，现行模式的哲学基础属科学实证的哲学观，是客观主义的认识论，它认为，存在着一个客观实在的教学质量（或水平），这种客观实在可以通过某种科学的方法得到正确的反映。

纵观现有的体育教学评价模型也可见其追求评价客观化的痕迹：评价的指标体系和标准是固有的，不针对某一被评课设立，使得评价者有标准可依，减少了主观因素；整个评价方案力求反映教学过程的本质和特点，充分考虑教师的主导作用，又考虑学生的学习心理特点；评价指标不断细化，希望分解为教学的行为，从而可测、可比，简化繁杂的形式，直接量化打分。

总之，现行的体育教学评价模式在追求客观化，根据教育目标确定评价标准，运用科学的统计分析方法确定评价模型的基本指标和各项数据。

（二）追求评价数量化的模式

"凡客观存在的事物都有其数量"，"凡有数量的东西都可以测量"（桑代克，麦柯乐语），基于此种观点，现行体育教学评价模式认为只有精确的数量化结果才能反映出评价的科学性，因而要建立完善的数学模型。

分析常见的评价模型，整个模型的骨架是指标体系。

（1）要素的指标：体育教学评价模型中的指标是具体的、可测的目标，通过观察体育教学过程，以等级语言分类后，则赋值。当然，教学评价中，有的因素的指标可以直接量化，有的则不然。如在教学效果中，学生完成教学目标的人数（比例）、成绩，教学有效时间等可以直接量化。而学生对学科的兴趣、师生关系的融洽以及情感领域的指标就无法直接量化，只好定级赋值。通常可根据即时观察达标学生的人数比例（70%为及格，80%为良好，90%为优秀）或教师达标的程度来定级（基本达标为及格，达标良好为良，达标优秀为优）。

（2）要素的权重：根据指标在目标中的不同地位和作用，分别赋予不同的数值，解决指标价值大小问题，可以用小数表示，也可以整数表示。

很明显，整个评价模型是一个数据的集合。现行体育教学评价模式较传统的评价模式更少主观性、随意性，更少受人际关系的影响。它着重于深入课堂获取真实信息，并在一定科学理论指导下采用一定的科学方法进行分析研究，努力希望教学评价科学化。然而，教育现象中有些方面是无法量化的，有些内容即使量化也只能是相对的，它是以主观判断为基础的，可见，现行体育教学评价模式的客观性具有了相对性。

二、体育教学评价的改进方向

我国现行体育教学评价模式被普遍运用，标志着其存在的价值，但也有必须改进的方面。总而言之，体育教学评价必须符合教学工作特点。

（一）评价对象主体双向化

教学过程是一个复杂的师生双向互动过程，师生双方在行为、态度、情感以及其他心理方面产生影响是相互的；而且学生具有自我完善能力，可能通过自学或非课堂的其他方面影响，不断提高自我，完善自我。这警示我们，体育教学评价应将评价的对象主体从单一的教师工作转向师生两方面，充分重视学生的主体地位，强调效果标准，把教师积极主动探索教育教学方法、进行教育教学改革，引导到追求实际效果上。通过教师的工作，使每个学生在原有的基础上都能得到提高，把对教师的评价放到学生实际收获上去检验。

（二）评价方式综合化

如前所述，专家评价、同行评价、自评、学生评价，不论单独采用哪一种方式都有片面性，因此须将多种方式综合起来，相互弥补不足。20 世纪 80 年代美国出现了一种叫作"第四代教育评价"的理论，认为教育评价是评价者、被评者，甚至包括雇主几方面共同"建构"的过程，评价结果是几方面人员所达成的一种"共识"，评价方式综合化还表现为定量分析与定性分析相结合，定量分析与定性分析各有利弊，不可迷信其一，只有把两者有机地结合起来进行体育教学评价才能更好地反映事物的本质。

（三）评价角度多向化

标准问题是教学评价的核心问题之一，具有导向功能。现行体育教学评价方案中的好多标准却趋向理想化，带有机械性，它追求各方面都好，试图面面俱到，实质是不分巨细，不分轻重。教学评价工作不是单一的工作，有不同的目的、要求和形式，应从不同的角度开展评价：教学技巧、教材处理、教学过程组织、教师语言表达、学生练习安排、学生学习兴趣、学生活动等。一堂课不追求每方面尽善尽美，而是求特色，求创新，尽可能地反映不同课型、不同学科的特点，这样能鼓励出特色，也能激励教师进行教育教学改革实验。评价角度的多向化也自然地迫使我们跳出单一的现行体育教学评价模式的图圈，开阔思路，推动现行评价模式向多元化发展。

总之，将现行体育教学评价模式放在一定的环境和条件下评价、分析，我们发现有很多问题存在。当前我国的教学评价还没有形成自己的理论，也缺少扎实的实验。期望现行的体育教学评价模式能尽快地有所突破，不断地向科学化迈进。

第二节　学习评价与组织实施

一、体育教师的教学评价

对体育教师的工作情况评价是全面衡量体育教师工作的重要手段，一般可分为体育教学工作量评价和体育教学成绩评价。体育教师的教学工作量包括备课、上课、课外活动辅导和运动队训练等。体育教师教学工作成绩的评价包括体育课堂教学质量、体育教学改革成果、体育教学经验总结或体育教学研究论文、学生学习质量（考核成绩的及格率、优秀率、平均成绩）等几方面。

课堂教学是体育教学工作的中心环节，课堂教学的好坏是提高体育教学质量的核心问题。体育教学评价是检查、总结和指导体育教学的先决条件和重要依据，是加强体育教学管理，调动体育教师的积极性，提高体育教学质量的一项有效措施。

体育课是体育教学的基本形式，也是体育教学评价的重点。其具体内容一般包括以下几方面：

（1）体育教学思想的评价。主要指体育教师在教学过程中能否坚持"教书育人"的原则，是否有改革创新的精神，是否促进学生的全面发展。

（2）贯彻《体育与健康课程标准》情况评价。课堂教学的教育目标是否符合《体育与健康课程标准》的要求，教学是否紧紧围绕教学目的进行，是否完成了《体育与健康课程标准》所规定的教学任务和教学内容，是否有达不到要求的现象。

（3）体育教学内容的评价。体育教学内容是否紧紧围绕教学目标进行安排，是否达到科学性和思想性的统一，是否将思想品德教育寓于教学内容之中，是否科学安排运动负荷，是否合理组织教学。

（4）体育教学方法和教学手段的评价。体育教师能否依据教学的具体任务和内容特点，有针对性地选择教学方法；教学方法的选择是否符合学生的身心特点，是否有利于激发学生的学习兴趣和学习动机；教学方法是否具有启发性，是否有利于培养学生的独立思考、分析问题、解决问题的能力和创新精神；教学手段的运用是否增强直观性，是否有助于提高学生的学习效率。

（5）体育教学技能的评价。讲解是否语言规范、准确简洁；是否正确运用术语和口诀，示范动作是否正确优美；是否能沉着冷静机智地处理课堂突发性事件，使教学顺利进行。

（6）体育教学效果的评价。是否很好地完成教学任务；学生是否掌握教学内容，是否充分发挥学生的学习积极性和主动性，是否培养学生勇敢、顽强、竞争、合作等心理品质；是否能激发和保持学生运动的兴趣，促进学生体育锻炼习惯的形成。

二、体育学生的教学评价

体育教学评价首先考虑的问题是从教学的基本目标和教学过程中的各种目标出发，对学生的现状及达到目标的程度进行考查。因此，体育教学目标评价的首要任务之一是对体育教学主体——"学生"的评价，它包括以下几方面：

（一）学业评价

学业评价是根据《体育与健康课程标准》所规定的学习目标和学习内容，对学生个体或群体的学习过程和学习成果进行价值判断的活动。体育学业评价应以"育人为本"，注重学生体育素质的全面发展。评价的目的在于了解学生的体育学习情况，发现不足，找出原因，以便改进学习策略和方法，其主要功能在于反馈和激励，而不是甄别和选拔。

体育学业评价的内容包括体育基础知识、身体素质和运动能力、运动技能、学习情感四方面，只有将四方面评价的结果综合为一体，才能形成对学生体育素养的全面、有效评价。具体如下：

（1）体育基础知识：对体育与健康知识的理解与运用。体育运动中每个项目都有其自身的规律，运动时只有遵从其规律，才能有助于提高身体素质。

（2）身体素质和运动能力：体质健康状况；积极参与各种体育活动并基本形成自觉锻炼的习惯，形成终身体育的意识，能够编制可行的个人锻炼计划，具有一定的体育文化欣赏能力，能够运用体育知识进行科学的锻炼和自我评价，掌握发展身体素质的能力及运动感觉、知觉能力，运动技术的运用和运动参与程度；对外界环境的适应能力和对疾病的抵抗能力。

（3）运动技能：掌握健身运动的基本方法和技能；能科学地进行体育锻炼，提高自己的运动能力；掌握常见的运动创伤的处置方法。

（4）学习情感：学生对待学习与练习的态度，以及在学习和锻炼活动中的行为表现；学生在体育学习中的情绪、自信心和意志表现，对他人的理解与尊重，交往与合作精神；是否能通过体育活动改善心理状态、克服心理障碍，养成积极乐观的生活态度；是否能运用适宜的方法调节自己的情绪；在运动中体验运动的乐趣和成功的感觉，表现出良好的体育道德合作精神；正确处理竞争与合作的关系。

对学生体育学业评价既要评价最终体育学业成绩，又要评价学习过程和进步幅度，要与学生在体育学业评价学习过程中的自我评价、互相评价和体育学业、评价教师的评价相结合。需要说明的是：体育学习的评价也是对评价对象的认识过程，对学生体育运动习惯养成的干预过程。

（二）学力评价

学力是指获得行为的能力、才能或行为的倾向，即学生学习的能力。学力评价的目的是调查了解学生的体育学习能力状况及个别差异，为完成既定的体育教育、教学目标提供有用的信息资料，为培养学生体育能力服务。

（三）品德与个性评价

思想品德：热爱中国共产党、热爱社会主义祖国，培养美感和文明行为，逐渐养成遵守纪律、尊重他人、团结友爱、互相帮助等集体意识和良好作风。

个性发展：培养勇敢、朝气蓬勃和进取向上的精神，注重能力的培养，启迪思维，培养学生的主动性和创造性。尽管出勤和表现不能反映学生的体质和运动能力，但它却是反映学生思想品德、组织纪律、心理状态的重要依据。作为体育教学评价的内容，需要从多个侧面，采用多种方法对学生的品德和个性进行全面的测验与评价。而体育教学中的品德和个性评价则着重于体育教学内容的科学性、思想性以及对学生思想品德和创造性发展与变化的影响测定与评价。

第三节 有效实施体育与健康教学评价应注意的问题

一、关于教学评价的再认识

教学评价是检查学生学习情况和教师教学效果的一种有效方法，教学评价作为教学过程的一个重要环节，它执行着一种特殊的反馈机制，能有效地克服教学活动与教学目标之间的偏差，是教学活动保持稳定发展的重要手段。

新的课程标准突破了学校体育单一的生物观念，向着生物、心理、社会三维学校体育观转变，拓宽了教学的目标领域。体育教学评价的内容由运动技能变为运动参与、心理健康、社会适应几方面。教学目标、教学形式的多样性，必然对教学评价的形式提出了多样性的要求。

我们不妨做这样的比喻：把体育教学中学生的学习方法和教师的教学方法比喻为两条铁轨，而教学评价就是两条铁轨中间的枕木。两条铁轨、枕木构成铁路；学习方法、教学方法、教学评价共同组成教学过程。唯有先进的学习方法、科学的教学方法、合理的教学评价才能使我们的学生接受到良好的体育教育。

二、建立在掌握学生的心理活动规律之上

在体育教学中，学生参与体育活动，在享受体育运动带来快乐的同时往往还承受因失败带来的沮丧。例如，别人的一点儿肯定或表扬，就觉得自己很了不起，受到批评就消沉、抱怨。他们对自己的评价不准确，或者一看缺点就全盘否定，或者犯有夸大或低估的毛病，不能正确对待自己、对待别人。

体育课堂教学中的评价会对学生产生如下心理效应：对学生情绪稳定性产生影响；对学生的需求水平和追求目标产生影响；对学生的自尊感、自信心、自我认识产生影响；对师生关系产生影响。

实施教学评价时教师应掌握学生的心理活动规律，科学地进行评价。评价以能让学生不断感受成功的喜悦，激发学生进行体育锻炼的兴趣为目标，帮助学生树立自信。应该以正面评价为主，使学生保持稳定的情绪，唤起学生新的需求和向更高的目标前进的倾向；同时，应该满足学生自尊的需要，使他们增强自信心，提高自我认识水平，加强师生之间的合作与交流。

三、教学设计中应将评价机制真正贯穿于教与学的全过程

通过听课、评课发现不少教师偏重于评价学生学习的结果，而忽略了评价学生学习的过程，偏重于评价学生学习的水平，而忽略了评价学生学习中表现出的情感态度。这样的评价方式是不科学、不合理、不全面的，有悖于新课标的教学理念。可见，传统教学方法在某种程度上仍然束缚着教师的思想，把教学评价与体育成绩评定相等同，忽视了教学评价存在于课堂教学之中这一客观事实，这是一种认识上的偏差。美国著名教育评价学者布卢姆指出：对结果进行评价意味着终结性，而对过程进行评价则暗示着还有改进的时间和机会。

体育课堂教学中的教学评价是教学活动的组成部分，是学生的学习方法与教师的教学方法之间的桥梁和纽带，共同达成教学目标，完成教学任务。在课堂教学实践中，当体育教师面对一本教材时，首先必须弄清楚为什么要教这本教材？通过这本教材，要达到什么样的教学目标？其次，要认真研究这本教材怎么教学生才爱学。最后，才是深入钻研采用什么样的教法、学法、评价体系使学生最快地学会、学懂。教学方法的选择要体现实现目标效果的单一性和多元性相结合。过去我们在选择教学方法时很少考虑到对学生心理健康、社会适应能力的培养，基本局限于为实现运动技术这种单一的教学目标来考虑的。

教师在教学设计中应该考虑学生的认知、技能、情感等诸方面因素，将评价机制贯穿于教与学的全过程，变终结性评价为全程性评价。

教师在教学过程中对学生的学习表现和结果进行即时、有效的评价，引导学生学习、活动的方向，肯定学生已有的发展成就，增强学生的自信心，提高学生的学习兴趣。

四、体现评价主体互动、评价内容多元、评价过程动态

教师应该改变单一的来自教师的评价模式，既有来自教师的接受性评价，又有学生自动参与的自我评价、生生互评的新的评价机制，强调学生在学习过程中的自我评价、互相评价和教师评价相结合。学生是教学活动的实践者，只有学生的亲身体验，才有正确的评价，特别是那些无法用定量表现的内容，包括情感、意志、态度、兴趣等，都是外在不易显露的心理倾向，只有通过自我评价才能获得真实的材料。例如在分层练习、小组合作练习时可以建立组内评价机制，这种来自生生之间的自评、互评更加客观。

教师应该建立兼顾态度、方法和心智发展等方面的多元评价模式，使教学评价内容多元化，真正体现评价的丰满度。首先是运动参与。不论学生的体质如何，教师都要看学生是否主动地参与到体育活动中。有的学生在参与体育活动过程中由于身体素质较差，感到很吃力，但他能利用科学的方法克服自身的不足，这种主动参与的做法应该给予肯定。其次是心理健康。在体育教学中教师应引导学生具有稳定的情绪和积极乐观的心态来参加体育课的练习，通过参与体育活动来调控自己的情绪，靠自己的意志力克服体育活动中遇到的各种困难，使自己的心理更加成熟。再次是社会适应。学生在体育课上能否与同学进行

体育锻炼、愉快合作，对待学习与练习的态度，以及在学习和锻炼活动中的行为表现，对他人的理解与尊重，交往与合作精神。这些都是实施教学评价不可缺少的内容。

评价过程动态，既有课堂当中的即时评价又有课堂结束时的教学评价，既注重终结性评价，又注重过程性评价，更注重对学生情感、态度、价值观的评价。新课程标准评价的理念是改革过去过于注重知识传授的倾向，强调形成积极主动的学习态度，在获得基础知识和基本技能的同时，也是学会学习方法和形成正确价值观的过程。

应该明确，教材是教学活动的载体，教法、学法、教学评价组成了整个教学活动。要建立兼顾态度、方法和心智发展等方面的多元评价模式，变终结性评价为全程性评价，开展评价信息的双向交流，使评价机制有机地贯穿于教与学的全过程，体现评价主体互动，评价内容多元，评价过程动态，建立与新的课程标准相适应的评价体系，更好地发挥体育育人的作用。

参考文献

[1] 刘小莉. 浅谈小学体育教学特点及教学策略研究 [J]. 当代体育科技, 2019, 9（27）: 96–97.

[2] 陈永明. 小学体育校本课程开发 [J]. 教师, 2017（21）: 94.

[3] 邓春宝. 我国农村小学体育教育发展研究 [J]. 华夏教师, 2016（11）: 95.

[4] 韩丽娜. 刍议小学体育校本课程开发研究的常用方式 [J]. 西部皮革, 2016, 38（18）: 236.

[5] 何福海. 小学体育教育专业化与兴趣化教学研究 [J]. 体育世界（学术版）, 2016（08）: 89+97.

[6] 冯文霞. 探析农村小学体育教育中值得注意的几个问题 [J]. 教育教学论坛, 2016（04）: 273–274.

[7] 黄全林. 浅谈如何改革小学体育教育教学 [J]. 当代体育科技, 2014, 4（36）: 119–121.

[8] 范乐. 对小学体育教师专业发展的探析 [J]. 小学科学（教师）, 2014（06）: 75.

[9] 钟红玉. 情境教学法在小学体育教学中的应用 [J]. 兰州教育学院学报, 2014, 30（01）: 157–158.

[10] 苏祝捷, 毛振明. 论体育教学策略的应用 [J]. 西安体育学院学报, 2011, 28（06）: 756–760.

[11] 廖建华, 宋慎. 体育概念分类的逻辑基础 [J]. 科技信息, 2011（16）: 274.

[12] 曾剑斌, 金红珍. 新时期体育教学评价模式评析 [J]. 体育科技文献通报, 2010, 18（03）: 4–6.

[13] 余立峰. 体育课堂有效教学行为解析 [J]. 中国学校体育, 2010（02）: 30–31.

[14] 周遵新. 论中小学体育教师专业发展的基本途径与策略 [J]. 当代教育论坛（下半月刊）, 2009（05）: 123–124.

[15] 戴维红, 许红峰. 教育公平视野下城乡小学体育教育的均衡发展 [J]. 体育学刊, 2008（08）: 76–79.

[16] 李鹰, 苏学武. 新课标背景下实施体育教学评价应注意的几个问题 [J]. 体育教学, 2007（03）: 14–15.

[17] 张祥林. 当前农村小学体育教育中值得注意的几个问题 [J]. 安徽体育科技, 2002（03）: 90–91.

[18] 樊临虎.论体育教学过程的实质、特征及其基本因素 [J].清华大学教育研究，2002（02）：65-70.

[19] 蔡煜铭.体育运动训练中的运动损伤及预防措施 [J].智库时代，2019（16）：247-248.

[20] 赖福春.合理营养、体育锻炼与健康间关系的探析 [J].读与写（教育教学刊），2013，10（09）：183.

[21] 王崇喜，殷红，万茹.体育课程与教学改革研究 [M].郑州：河南大学出版社，2014.

[22] 刘玉静，高艳.合作学习教学策略 [M].北京：北京师范大学出版社，2011.

[23] 湖南省教育厅组织.小学体育教学论 [M].长沙：湖南科学技术出版社，2009.

[24] 朱晓春，何云，王浩龙，等.小学体育课程与教学论 [M].长春：东北师范大学出版社,2014.

[25] 黄延春，梁汉平.体育概论 [M].重庆大学出版社，2018.

[26] 罗飞虹.体育学 [M].武汉：华中科技大学出版社，2010.

[27] 罗桂风.体育与健康 [M].徐州：中国矿业大学出版社，2017.

[28] 张玉超，黄延春.体育学概论 [M].徐州：中国矿业大学出版社，2018.